必ず売れる!

販売トークの極意

お客様心理がポイント!!

大西英一郎

はじめに

「何やってるんだ！　もっと必死で営業してこい！」
「なんで毎回毎回、目標を達成できないんだ！」
「この、給料泥棒が！」

そんな上司の怒鳴り声が響く事務所もあるでしょう。しかし、このような罵声が飛び交う事務所はまだいいほうだと、私は思います。

なぜなら、そこは活気があり、営業力を伸ばそうという意欲にあふれ、創意工夫されている可能性があるからです。

最近では、上司から部下への厳しい指導をパワーハラスメントと捉えて耐えきれずに、当たり前のように退職、転職する若者が多くなりました。そんな中で、営業マンたちをまとめて業績を伸ばしていくのは極めて困難なことです。

厳しい職場、生ぬるい職場といろいろあるでしょうが、営業職に限って言えば、単純にどんな職場が良い職場なのかと考えたとき、私は、「良く売れる職場が良い職場」だということが頭に浮かびます。売れている部署、売れている店舗は、間違いなく活気があり、営業スキルも間違いなく伸びます。よって、ストレスを蓄積することもなく、サラリーも期待できるでしょう。

しかし、なかなか思うようにいかないのが「営業」です。新聞紙面などで発表される経済情報の数字や経済アナリストの見通しで景気が上向いていたとしても、末端の現場から見ると実感に大きな開きがあり、少しでも気を抜けば明日はないというのが営業の現場でしょう。

そこで私は、自身の経験をもとに、頑張っている営業マンの方々が、明日に希望を抱く手助けになればと、この本の出版を決意しました。

具体的に言うと、数年前の営業スタイルでは今の時代を勝ち抜くことは困難です。数年前には苦労もなく売れたのに、なぜか今は売れないと悩んでいる方が多いのです。時代は刻々と進化しています。お客様もまた進化しています。だとしたら、売り手である営業マン・営業レディーは、より進化する必要があるのです。

私は数多くの営業関連の本を読み、セミナーなどにも参加しました。しかし、そのほとんどは机上の空論であり、実戦では役立たないことを痛感しました。

28歳のときに仲間と健康食品の販売会社を立ち上げてから、現在に至るまでの20年以上の間、私はいわゆる健康講演会を通して様々な商品を販売してきました。講演会の回数は一万回に達する勢いです。最初は、商品を仕入れて自分の会社で直接販売していましたが、やがて、商品を製造する立場になって、現在は商材を卸しながら、販売店からの依頼を受けて講演販売の講師として全国を飛び回っています。多い日は朝、昼、夜の三回、講演をすることもあります。

大手メーカーであれば、テレビコマーシャルを打ち、会社も商品も知名度が高く販売も比較的容易でしょう。しかし、無名な会社の名前も知らない商品をコンスタントに販売するには、かなりの困難がありました。しかも、100円や200円の商品ではなく、安くて一万円、高いものでは数十万円するものもあるのです。

こういうなかで私が長年営業の現場に携わってきて、失敗を繰り返しながらつかみ取り、常に大切にしている「お客様の心理」について、悩める営業マン・

営業レディーの皆さんに公表しようと考えたのです。

20年前と違い、今の時代はお客様が物を買う方法や商品知識、商品に対する欲求までもが変化しています。ひと昔前なら、戸別訪問でも結構話を聞いて商品を購入してくださり、時には食事までふるまってくださるようなお客様もいたものです。しかし今では、玄関の扉すら開けてもらえなくなりました。

多くの情報があふれて、場合によっては営業マンよりも商品知識のあるお客様もおられます。しかし、どれだけ時代が変わっても、お客様が物を買うに至る心の変化の過程は変わりません。この「お客様の心理」の流れを読み解くことこそが、実戦的営業術であり、売上目標を達成する大きな鍵であり、営業マンの、ひいてはお客様の幸せにつながる王道なのです。

本書は、営業マン側からお客様心理を解き明かすものですから、本来、お客様には読んでほしくありません。しかし、もし読まれたとしても、「なるほど、こういう営業マンこそが本物かもしれない。こんな人から良い物を買いたい」と思っていただける自信があります。

では、実戦的な具体例を交えてご紹介していきましょう。

もくじ

はじめに　2

第1章：私が自体験を通して学んだこと

■海外での営業　12
■人の心理の流れは万国共通　14
■メーカーの目からウロコが落ちた　16
■お客様心理を研究してトップセールスマンに　18
■1対多数の営業が1対1を強くする…①　21
■1対多数の営業が1対1を強くする…②　23
■アルバイトを通して行くべき道を悟る　25
■自分の才能が萌芽した卒業旅行の企画　28
■縁に導かれて営業の道へ　30
■大事なときに大事な人に出会う不思議　33
◆コラム：信頼関係こそが命　36

第2章：お客様の心理とは

■お客様（消費者）は進化している　40

昔は売れたけど…… 40
機器は便利になったけど…… 41
ライバルへの意識過剰 43
販売トークの組み立て 44
■お客様心理のいろいろ 46
買い物時の心理的変化 46
新店オープンでも同じ心理で 47
大手衣料販売店が超えた壁 48
テレビ番組の信用という影響力 50
あの人から買います 51
お客様から「ありがとう」をもらおう 53

第3章：お客様心理の8段階＋2段階

■お客様心理の8段階＋2段階 56
「買おう！」に至るまでのお客様心理の流れ 56
必ず「大丈夫？」「怪しくない？」から始まる……「抵抗・注意」の段階 58
興味付けをいかにするか……「興味」の段階 60
購入後のイメージが大切……「連想」の段階 61
「欲しい」「買いたい」「買わせてください」……「欲望」の段階 63
一歩後退こそが購入の合図……「比較」の段階 64
お支払い方法の確認で売上成立……「決意・決定」の段階 66

アフターサービスとアフターフォロー……「安心」の段階　69
お客様からのお友達紹介……「満足」の段階　71

第4章：お客様心理に沿ってトークを組み立てる

■販売トークを組み立てる必要性　74
■販売トークを組み立てる手順　77
①現状トーク　抵抗心理と注意心理を消すためのトーク　77
②衝撃トーク　興味心理を盛り上げるためのトーク　79
③対策トーク　連想心理に発展させるためのトーク　84
④必要性トーク　欲望心理を湧き立たせるためのトーク　85
⑤希少価値トーク　比較心理に持ち込むためのトーク　88
⑥安価トーク　決意心理と決定心理に導くためのトーク　90
◆コラム：おみやげの渡し方にも演出が必要　94
◆コラム：家族からの苦情は防げない　96
◆コラム：お客様をお呼びするときにはお名前で　98

第5章：お客様心理から見た実践トークポイント

■話し上手だけでは売れない　100
■「1話して9聞け」とは？　102
■お客様は十人十色　104

■買いに来たのに買わずに帰る 106
■良い読書感想文とは？ 108
■スーパーでおなじみの「イチ・キュッ・パ」商品 110
■テレビショッピングはエキサイティングなライブショー 112
■「抵抗と注意」をいかに消すかが勝負の鍵 115

第6章：お客様心理に沿った販売トーク実例

■さまざまなシチュエーションに対応するチカラを 118
■マンション販売のトーク実例 119
■車の販売のトーク実例 123
■保険販売のトーク実例 127
■衣料品販売のトーク実例 130
■化粧品販売のトーク実例 133
■健康食品販売のトーク実例 136
■お客様に欲しくなっていただくトークのコツ 139

おわりに 142

第1章：私が自体験を通して学んだこと

海外での営業

２０１０年から２０１２年まで、私は毎月中国に渡り、サプリメントの販売を行ってきました。新聞に健康講演会の広告を掲載してお客様を募り、そこで講演販売したのです。具体的には、サプリメント販売会社からの依頼で中国を訪問しました。パワーポイントで作成したスライドショーを講演会場で上映しながら、通訳を交えてお客様に講習を行い、サプリメントを販売していくというスタイルです。

「言葉も文化も価値観もまったく違う外国の方々に、私の話が通用するのだろうか？」

初めは大きな疑問と不安がありました。

実際、私は現地の言葉がほとんど解らないのです。また、私たちの会社は大手の有名メーカーではありません。従業員がわずか20数名の会社です。大企業であれば様々なメディアで派手にコマーシャルを打ち、あらかじめお客様に認知されていますから、どんな商品を販売しても、「あそこの会社の商品ね」となって自然に興味を持ってもらえ、売り上げも比較的容易に確保できるでしょう。

中国の消費者から見れば「日本」というブランドがあるかもしれませんが、小さな会社の名もない商品です。いかにして心をつかんでいくべきなのか……。

注目されるなか、まずは、この人の話なら聞いてみようという雰囲気をつくり上げてから、商品の話に入っていかなければ売れるものではありません。

初めて海外講演をする際に、主催者の考えで、私がお客様を背にしてステージ上のスライドを見ながら講演する形で会場が準備されていました。しかし、私はどんな形でもよいので、お客様の顔を見ながら講演したいとお願いしました。言語が理解できなくてもお客様の表情を見たかったのです。結果、幸運にも通訳に恵まれたこともあって、私の講演が現地のお客様の心に確実に伝わっているのが、リアルに感じられました。

講演後は、多くのお客様に囲まれて退場するのが大変でしたが、これが私の大きな財産になっていったように感じます。

人の心理の流れは万国共通

中国で販売をするきっかけは、２００９年に私と仲間で立ち上げた健康食品の販売会社に中国人が入社してきたことでした。その社員のお父さんが中国の新聞社の役員だったのですが、その繋がりでお父さんの知り合いが日本の商品を販売したいとなったわけです。

日本人に比べて、中国人の体は素直だと思います。多分、ほとんどの人は化学薬品を使わず、漢方に頼っているからではないでしょうか。私たちが紹介したサプリメントを試してもらっても、わりとすぐに効果が現れるのです。免疫系の商品でも、ガンが改善したという人がたくさんいました。

商品に関しては、日本でのパイオニアという立場で中国に行き講演会をして販売してきましたので、その経験は、逆に日本でも生きています。

今の日本、とくに健康食品市場では、胡散臭い商法が生まれては消えるということを繰り返し、商品も大量にあふれています。しかも、振込詐欺までが登場していますから、消費者の皆さんは健康食品の購入にはとても慎重になっています。そういう背景もあり、日本の講演販売では、逆に中国での反響や販売実績を紹介すると、皆さんの私に対する警戒心や心の壁が取り払われるようです。

たとえ言語や文化が違うとしても、人の根本的な心理の流れは万国共通、この本のポイントである「お客様心理」は、言語や文化を越えて万国共通なのです。

中国での販売は３年間続きました。ときには上海に行き、北京に行き、天津に行って帰ってくるというじつにハードな日程でした。しかし、東日本大震災で原子力発電所の事故による放射能問題があり、中国では日本の食品を敬遠するようになったのです。さらに、尖閣諸島領有権の問題などで日中関係がぎくしゃくしてきました。

中国の消費者は、日本の食品自体は間違いなく気に入っているのです。しかし、中国政府の規制などがあり、販売を中止せざるを得なくなってしまいました。

メーカーの目からウロコが落ちた

当時扱っていた食用赤ミミズを原料にした健康食品は、血栓を溶かすという触れ込みで商品が開発されました。最近でこそ、日本でもかなり話題になり注目されていますが、日本国内で最初に販売を始めたのは私たちでした。

赤ミミズの効果を実証した宮崎大学の名誉教授を名古屋にお呼びして講演会を開催したり、実証データをいただいたりして親しくお付き合いしてきました。大阪で開かれていた展示会でたまたまその先生に出会い、商品を取り扱えることになり、新しい会社をつくったわけです。ご縁以外の何ものでもないと思っています。

その時はまだ、誰もこの商品を知りませんし、売り方さえもわかりません。もちろん、消費者もそんなに良いものだとは誰ひとり認知していません。当時の私は30歳そこそこの若造です。実際のところ、そのビジネスが成功するかどうか、何の保証も確信もなかったのです。

しかし、始めてみると商品は飛ぶように売れて、メーカーにどんどん発注するようになりました。しかし、メーカー側も不安で仕方なかったのです。変な売り方をしているのではないかと……。そこで、メーカーに名古屋まで来てもらい、講演会の現場を直に見てもらうことにしました。すると、目の前で商品が次々と売れていくわけです。しかも、お客様は喜んで買っています。無理やりではなく、説明をしっかり聞いて、納得した人が自から申し込んでいるのです。

結局、メーカーの目からウロコが落ち、納得してもらったうえで販売が解禁になりました。しばらくはどんどん売上が伸び続けました。ところが、消費者ではなく健康食品業界の間で、「あれは悪徳商売に違いない」と、あらぬ噂が独り歩きするようになり、いつの間にか真実はねじ曲げられてしまったのです。

お客様心理を研究してトップセールスマンに

私は、28歳から健康食品の講演販売を始めました。しかし、最初はじゅうぶんな商品知識も経験もなく、自ら販売の表舞台に立つことはなかったのですが、2ヵ月後にチャンスが与えられました。それは、カルシウム商品の販売でした。はじめは右も左もわからないまま時間だけが過ぎていきました。徐々に先輩からのアドバイスももらえるようになり、見よう見まねで一生懸命販売トークをして、たくさん買っていただきました。トークも下手だったと思います。何を話したのかさえも覚えていません。それでも当時は売れたのです。

そこで私が感じたのは、前職で学んだイベントの企画、運営、タレントのプロモーションやステージショーの制作などと似ているのではないか、という感覚でした。

いかにお客様の意識を引き付けるか、どれだけ感動を与えられるか……。感動から販売は始まるといったイメージでした。

今、ハッキリわかるのは、当時の私の販売の鍵は、お客様にストレスを与えず、そして抵抗なくお付き合いすることができたかどうかでした。新人で一生懸命に頑張っている、ただそれだけでしたが、それが、お客様の購入心理を動かしたのだと思います。

そこで私は、どうすれば商品が売れるのかはもちろんですが、購入していただくまでの、お客様心理の移り変わりについて考え始めました。これを徹底的に研究して理解した私は、その心理に沿ったトークをすることで、毎月１２００万円の売り上げを８年間継続したのです。

健康食品関連の講演回数は既に一万回を超えています。自分で主催して現地に出向き、自分が講演をしてこの回数は実現できるものではありません。あの人が喋るとなぜか商品が売れるから次回も呼ぼうという信頼を築きながら、今に至ったのです。

たとえば、ベンツなどの高級外国車を販売しているヤナセで、そこそこの販売実績を上げている人が、ヤナセを辞めてベンツ売ったとしても同じようには売れないのです。中には運良く売れる人もいるのですが、ほとんどの人は売れません。ヤナセに居たときは、自分で売っていたのではなく、ヤナセの看板で売っていたということです。

健康食品の業界でも、老舗と言われる知名度の高い会社があります。そこの元社員の方が弊社に入社したのですが、まったく売れないのです。老舗ではものすごい勢いで売っていたのに……。これも高級外国車と同じ理屈です。

名の知れた看板がなくても売れる人というのは、お客様の心理をしっかりと理解できる人なのです。

1対多数の営業が1対1を強くする…①

実際の販売の現場では、営業マンがひとりで多くのお客様を対象に販売トークをして商品を売る方法が主流です。いわゆる講演販売というものですが、ここでの経験が私の大きな財産となりました。

複数のお客様が集まると、その心理はまさに十人十色です。そのなかでセールストークをして販売につなげるのは、やはり簡単なものではありません。

結婚式のスピーチを想像してみてください。誰もが饒舌に話せるものではありません。それは1対多数のトークだからです。その場にいるのが新郎新婦の知り合いとはいえ、老若男女を問わない様々な人だからです。新郎新婦に対しては簡単に祝辞を伝えられるのに、1対多数だと緊張のあまり頭が真っ白になるという方もいるでしょう。新婦の友人がスピーチをする際、緊張と感動のあまり泣き出してしまった姿を見たこともあります。それほど難しいことなのです。

なかには、スピーチ馴れしている来賓者もおられます。しかし、馴れすぎたスピーチは、耳に聞きやすくても記憶にはほとんど残らないということもよくあります。スピーチの巧さは、ときに嫌味に聞き取れる場合さえあります。逆に、話はたどたどしくて下手でも、感動するようなスピーチもあります。滑らかに饒舌なスピーチが人に感動を与えるとは、必ずしも限らないのです。

スピーチやトークというのは、自分目線ではなくお客様目線が大切です。そのためにも、お客様心理を理解することが求められるのです。

１対多数の営業が１対１を強くする…②

あるとき、呉服販売のプロが売り上げの低下に悩み、私のところに相談にきました。話の内容を聞いてすぐに問題点がわかりました。それは販売力が伸び悩んでいるどの営業マンにも言えることです。

呉服販売は基本的に1対1の営業ですが、私は彼に対して1対多数の営業を教えました。プロの営業マンなので飲み込みも早く、すぐに理解してくれました。しかし、実戦となるとなかなか上手くいくものではありません。彼は苦労しながらも数ヵ月で1対多数の営業スタイルを自分のものにしていきました。結果、1対多数で学んだ経験を1対1の呉服販売に戻ってからも活かし続け、安定した売り上げを維持するようになったのです。じつは、1対1だと見えなかったお客様心理が、1対多数の営業をすることによって見えてくるのです。

売り上げ低迷の問題点は何だったかというと、昔ながらの販売トークや接客をしていたことです。お客様の意識はどんどん進化しているのに販売する側の

進化が足りず、お客様とのズレが生じているのです。つまり、お客様心理の流れを読めないまま、それに気づかないまま、一方的なトークを続けていたのです。この1対多数の営業で、私はお客様心理について説明し、彼はそれを理解し、実践することで1対1の営業に反映できたのです。

この「お客様心理」については、次の章で詳しくみていくことにしましょう。

アルバイトを通して行くべき道を悟る

私の生まれは、岐阜県の温泉で有名な下呂です。温泉以外には山と川しかない片田舎で、父が教員をしていた関係で、周りからは高校を卒業するまで「大西先生の息子」という目で見られていました。父は校長にまでなってしまい、地元の名士のような立場で、皆が私のことを知っているのです。そんな、悪いことのできない環境で暮らしていました。

地元で祭りなどの行事があると、父の同僚の先生たちが集まって我が家で飲み会をするわけです。私は公私ともに学校の先生たちに囲まれて育ったものですから、いつしかその反動で、レールを踏み外してはいけないという公務員体質を苦手に感じ始めていました。

高校卒業後に名古屋に出て、私立大学の産業経営学部に推薦で入学してから、私はいろいろなアルバイトを経験しました、振り返ると、そこで独自の仕事観が身に付いたような気がします。

最初に経験したアルバイトはトヨタ自動車の下請け工場で、ひたすらベルトコンベアで流れてくる車の椅子に部品を取り付ける仕事でした。時給は良かったのですが、自分にとって長く続ける仕事ではないような気がして、2ヵ月で辞めました。

次に経験したのは、プロ野球選手や相撲の力士など、多くの有名人が来るような、名古屋の高級寿司店のアルバイトでした。私の仕事は主に出前ですが、配達先が高級クラブなどで、店からの時給以外にチップも結構もらいました。

続いては、今でいう居酒屋グループのようなところで働きました。そこで強烈な印象を受けたのは、調理の職人さんたちに顎で使われる点でした。でも、お客様からは直に接客をしている私のほうが可愛がられ、頼られるわけです。そうすると職人さんたちがひがむのです。

店員としてお客様の心をつかみ、馴染みの人もどんどん増えたというのに、所詮はアルバイトで、店は何の評価もしてくれません。結局、組織とは、社会の仕組みとは、そんなものなのかと思ってしまいました。

そんな絶望感を味わっていた時期に、小、中、高校時代の同級生が大学現役で司法試験に合格しました。彼と私は一緒に野球をやっていた仲間ですが、昔から彼は、皆が集まって騒いでいても微動だにせず六法全書を開いて勉強しているようなタイプでした。

あるとき、私は機械関係の説明書で、何度読んでもわからないところがあったので、彼にそれを見せたのです。彼はそれをさっと読んで、私に詳しく説明してくれるわけです。私はもうびっくりして、「やっぱり天才は違う！」と痛烈に感じ、エリートというのはこういう人間のことを言うのだと、その友達から引導を渡されたわけです。彼は大学を卒業して検事になり、今でもバリバリ活躍しています。

アルバイトを通して社会の仕組みを知り、友達から上には上がいるということを知らされ、ならば、自分はどの道を歩んでいくべきなのか、自分の力はどこで発揮できるのだろうと、考えに考えました。

大企業に入って組織のなかでネジのひとつになるのと、小さなところで主軸になるのとを客観的に比較して、自分の場合は主軸がいいと結論を出し、そこで妙に悟ってしまったのです。

自分の才能が萌芽した卒業旅行の企画

私は大学でゼミを選択するとき、学長の弟で現場では一番権力を持っている教授のゼミを選びました。計算高く「ここに入っておくべきだ」と……。

たいして勉強はしなかったのですが、教授にだけは何かとアプローチをかけていました。4年生のときに卒業旅行を企画して、教授を招待したのです。27人のゼミ生全員と教授を誘ってオーストラリアに行きました。

大学に出入りしていた旅行代

理店に、「学生27人で行くので教授は無料で招待したい」と掛け合ったのです。当然ＯＫでした。学生は、ひとり当たり17〜18万円で一週間の旅行でした。４年生になってすぐに計画して実行しました。

そして、これが効果覿面でした。教授から「大西、就職はどうするんだ？」と声がかかり、証券会社や銀行を勧めていただいたのです。しかし、そういうところに入った場合、私はひとつの駒で終わってしまうような気がして、「先生、すみません」と言ってお断りしました。今思うに、おそらくそれらの企業には教授からの推薦枠が確保されていたのでしょう。

教授からの勧めを断ったもうひとつの理由は、父親を見て育ったことが大きかったように思います。父親は真面目に手堅く、教員を続けてきたわけですが、私から見ると面白味を感じなかったのです。その結果、公務員も嫌だし、大きな企業に入っても同じではないかと……。それで、たとえ小さな会社でも、主軸になるのが自分らしいと考えたのです。

結局、大学卒業後は知人の紹介で小さな企業に入りました。芸能関係の事務所でしたが、そこでいろいろと貴重な体験をさせてもらいました。

縁に導かれて営業の道へ

その事務所は、学生時代のアルバイト先の居酒屋のお客さんから紹介されたものでした。同じくアルバイト先のひとつだった寿司店にもいまだに顔を出しますし、今も昔も出会いは大切にしています。

事務所の業務内容は、さまざまなイベントから歌手や芸人などの出演要請を受け、芸能プロダクションと交渉してタレントを派遣する仕事でした。要は芸能の仲介業です。そこでお世話になったクライアントの社長さんなどとは現在もお付き合いがあり、今の仕事にもさまざまな形で活かされています。

あるとき、東京の芸能プロダクションの社長に気に入られて、ある演歌歌手のマネージャーをやってくれないかと頼まれて上京することになりました。演歌歌手と一緒に全国の放送局やレコード（CD）ショップをまわったのです。

しかし、芸能界にはいろいろな裏事情が存在することも知りました。たとえば、顧問と名乗るよくわからない立場の人がいて、週刊誌に記事を売ってお金をもらったり、スキャンダルを流したり、一方ではもみ消したり、そんな人たちが闊歩しているのです。私は、それなりに気に入られて仕事も順調にこなしていたのですが、自分の居場所ではないと感じ、結局、抱えている仕事をひと段落させてから辞めました。

そんなとき、学生時代の同級生から「健康食品の販売を一緒にやらないか」という誘いが偶然あり、現在の仕事の前身となるビジネスを名古屋で始めたのです。そのとき28歳。そこで6年働いて34歳で独立を果たしました。

独立して最初の会社では、人を集める側の仕事をしていたのですが、そこで講演会の講師もしながらノウハウを培いました。その頃に、かつて芸能事務所でプロデュースしていたステージショーと、健康食品の講演販売がとても似ているということに気が付いたのです。

健康食品の講演販売会では、「ご来場ありがとうございます。本日は素晴らしい先生をお招きしています」という流れて講師を紹介しますが、その本題に入る前に、簡単なプレゼントが当たるゲームなどをして参加者の気分を盛り上げます。芸能イベントのステージならば、前座の歌手などが会場の空気を盛り上げて、いよいよ真打登場となります。つまり、どちらも進行のプロセスは同じなのです。

ただ、私の場合は見た目にも派手な芸能イベントをプロデュースしてきていたので、健康食品の講演販売はぜんぜん物足りませんでした。たとえば、講師が登場する時にテーマ曲を流したり、イメージ映像を流したりといった、演出のアイデアは人一倍豊富に持っているわけです。実際、いろいろな演出を試してそれなりの効果も見出しました。

しかし、そうした演出だけでは商品は売れません。どんなに派手なことをやっても、変わったことやってお客様を楽しませても、それと商品の売れ行きとは別なのです。

結局、お客様心理と段階を踏む販売トークがポイントだと気付いたのは、独立してからずいぶん後のことでした。

大事なときに大事な人に出会う不思議

私は、ここぞというときに大事な人と出会って、不思議と助けられるのです。たとえば、今の会社を始めようとしたときに、資金の援助を受けることができました。34歳で友達と一緒に会社を起こしたときも、援助しようと言うお客様が数名、名乗り出てくださいました。

最近、新しい事業を立ち上げました。ある大学で臨床データを取ってもらうのですが、その費用が数百万円かかります。商品に魅力を感じ、その臨床費用を開業医の先生がスポンサーになって出してくださることになりました。運が良いというか、不思議なほど素晴らしい出会いに恵まれるのです。

芸能界の仕事をしていたときにも不思議な出会いがありました。レコード会社の仕事で山陰地方にキャンペーンに行ったとき、年輩のご夫妻が打ち上げに参加されて親しくなりました。私が東京に戻って一週間が過ぎた頃、そのご主人から事務所に電話があったのです。私が山陰に連れて行ったタレントをテレビのコマーシャルに起用したいというお話で、結局、そのタレントを起用したコマーシャルが決まり、数百万円の出演料をいただくこともできました。

そのご主人が仕事の都合で東京に来られたときにも連絡が入り、私が車で案内しました。ある、流通大手の企業に行かれるとのことで案内したところ。受付の女性が直立不動で、「先生、今日は遠い所をありがとうございます」と、丁重に挨拶するのです。さら

に、５分もしないうちにエレベーターから会社の役員たちが駆け降りて来て、「先生、今日はありがとうございます！」と、次々に挨拶していました。

私のなかでは、地方キャンペーンの打ち上げのカラオケで一緒に盛り上がった「カラオケおじさん」だった人が、じつは大先生と呼ばれる人物だったわけです。

その後、健康食品の仕事を始めたときに、私は久しぶりに「カラオケおじさん」に電話をして、アメリカから輸入した水をあの流通企業で取り扱ってもらえないかと相談してみました。最初は「水なんか難しいぞ」と言っておられたものの、久しぶりに名古屋でお会いして話を聞いてもらっている最中にも、携帯電話であちこちと連絡を取りながらどんどん話を進めてくださったのです。結局、初めて水のことを電話で話してから、一ヶ月後には全国の小売店にその水が並ぶことになったのです。

●コラム●

信頼関係こそが命

芸能事務所に勤めていたときは、ホテルの宴会などにタレントや音楽バンドを派遣したりもしていました。滋賀県のお得意様のイベントのときのこと、企業の何周年かのパーティーにものまねタレントと生バンドを派遣する、80万円ほどの仕事でした。通常なら支払いは月末締めの翌月末払いなのですが、「大西君、今支払っとくよ」といって、部長が直々に現金を手渡してくれたのです。どうしたのかと思っていると、「じつは、うちの会社は今月いっぱいで潰れちゃうんだ。来月は会社がなくなるんだよ」というのです。唖然としている私に、「大西君は真面目にしっかりやってくれたから、君の顔は潰せない。これだけは払っておくよ」とおっしゃいました。

　何よりも大切なのは、やはり人と人との関係なのだということを痛感させられた出来事でした。心と心が繋がる仕事をきちんとしていたら、決して騙されることはない。誰かに騙されたり、裏切られたりするのは、それだけの関係でしか繋がれていなかった自分が悪いのだと……。

　ふと、東京の芸能界で働いていた頃のことを思い返しながら、あそこでは絶対にそんな考え方も通用しないだろう

とも感じました。人は疑ってかかれという世界にいる自分に限界を感じて、辞めたといってても過言ではないのかもしれません。

お客様の心理を見抜くということの根底は、確かな人間関係、信頼関係をつかむということなのです。

第2章：お客様の心理とは

お客様（消費者）は進化している

昔は売れたけど……

先日、電車のなかで70歳は超えているであろう白髪のお年寄りが、器用にスマートフォンを扱っているのを見て大変驚きました。私のよく知る年輩の婦人たちも、携帯電話（スマホ）に孫の写真をアップしているのをよく見かけます。

携帯電話、パソコンなどの通信機器の発展で、今までわからなかった専門的情報を誰でも簡単に入手でき、しかもメールやＳＮＳなどで情報が瞬時に広がる時代がきています。大変ありがたく便利になったのですが、この時代の状況をしっかり把握していかないと、営業においては大変なことになってしまうのです。

「昔は売れたけど……」という言葉をよく耳にするようになりました。しかし、現在、誰もが売れていないわけではありません。確実に売り上げを確保している営業マンも必ずいるのです。その違いは何なのでしょう。

それは、進化しているお客様の心理を理解しているか、いないかです。

数年前と同じアプローチ、同じトーク、同じ知識で販売トークをしていないでしょうか。

情報が簡単に手に入り、拡散する時代だからこそ、商品購入を望むお客様は、情報を集めて失敗しない買い方を考えるのです。それを理解しないままで営業を続ければ、お客様との距離はますます開くばかりです。

進化しているお客様の心理を読み取ること、これが何よりも重要なのです。

機器は便利になったけど……

ただ、すべてのお客様が時代の流れに付いて来ているわけではありません。気を付けなければいけないのは、常に、それぞれのお客様目線で考えるということです。

数年前、ｉＰａｄが発売されはじめた頃、車の購入のために妻と二人でディーラーへ行きました。新しく発売された車を見ているとすかさず営業マンがやってきて、新型車の説明が始まりました。彼はすぐにｉＰａｄを取り出し、画面上で説明をするのです。目の前に原寸大の商品があるのに、わざわざＡ５サイズの狭い画面を差し出し、一生懸命説明をしてくれました。妻と二人で画面を覗きますが、どう考えても目の前にある実物の車を見て説明を聞いた方が実感が湧くのです。なのにどうしてそんな回りくどいことをするのかと、せっかくの興味も冷めてしまいました。

その営業マンは、最新の販促ツールとして与えられたｉＰａｄが営業に役立つと信じて、操作を駆使しながら頑張っていたのです。しかし、それは一歩間違うと車のセールスではなく、ｉＰａｄのセールスに見えてしまいます。お客様心理がまったく理解できていない証拠です。

ポイントとなるのは、ｉＰａｄを出すタイミングです。

料理に例えると、前菜の前にいきなりメインディッシュが登場したようなものです。いきなりメインディッシュが出てきて喜ぶお客様もいるかもしれませんが、多くの場合は前菜から食べることを望むでしょう。新しい販促ツールを使いこなすのも大切ですが、お客様心理に合わせ、必要に応じて出すタイミングを考えなければ、料理の旨味が消えてしまうのです。

ライバルへの意識過剰

同じく、そのディーラーでの話です。営業マンは接客のなかで、iPadを一生懸命に操作して、車体の大きさ、燃費、コストなど、斬新な説明をしてくれたのですが、私の印象に残ったのは新型車の魅力よりもライバル車との比較ばかりでした。

最近では、携帯電話業界が大手三社の間で常に比較争いをし過ぎているように感じます。もちろん比較も大切ですが、何よりも必要なのは自社商品の説明でしょう。

自社商品の良さをじゅうぶん説明して、お客様に理解をしていただいたのち、他社との比較に入らなくては、せっかくの新しい商品の魅力が伝わりません。お客様の「買いたいな」という気持ちより「そうなんだ」という気持ちだけが、頭に残ってしまうのです。これも、営業マンがお客様心理を理解していないがゆえに起きてしまっていることです。

一流の営業マンは、お客様がご来店した瞬間に、購入されるまでのストーリーを頭の中に描けるといいます。これは経験とセンスによるものかもしれませんが、大切なのはお客様の心理を購入まで上手に導いて差し上げることです。お客様は進化しています。昔よりも豊富な知識がありますし、商品購入に対しても慎重になっているのです。

しかし、購入に至るまでの心理の流れは、昔も今も変わりません。心理が動く速度とポイントが時代とともに変化しているということです。

販売トークの組み立て

話上手な人ほど営業成績が良いのでしょうか。それは違います。

まず、私の感覚では「あの営業マンはいい人ね」と、お客様から言われる人には売れない営業マンが多いのです。一概にはいえませんが、9割がその部類に入り、残りの１割がトップクラスの営業マンでしょう。

なぜ、お客様から「いい人」といわれるのでしょうか。それは、「いかがですか？」のひとことがいえないからです。もっとハッキリいえば、「買ってください」がいえないのです。おそらく「それをいったらお客様から嫌われる」と考えてしまうのではないでしょうか。よく、押しが強い、弱いといいますが、営業の一番の仕事は、接客の向こうにある売り上げを作ることなのです。

自分の会社に自信があり、商品に自信があるのなら、「いかがですか？」のひとことはお客様にしっかり投げ掛けましょう。いって悪い言葉ではないどころか、最近はその言葉を待っておられるシャイなお客様が増えてきているのです。

ただ、「いかがですか？」の前に、お客様にしっかり伝えるべきこと、あるいは導くべきことがあります。それが、お客様心理のポイントと、心理の流れの速度に沿って組み立てられた販売トークです。

お客様心理のいろいろ

買い物時の心理的変化

家の近所にスーパーが3軒あるとしましょう。お店の特徴は以下のようなものです。

・A店…家から近いが、商品はほんの少し高め
・B店…家からの距離や商品価格は普通だが、店長やスタッフと仲が良い
・C店…家から遠いが、商品はほんの少し安め

どこで買い物をするかは、お客様自身の心理によって決まるものです。1軒に絞る場合もあれば3軒とも回る場合もあるでしょう。すべて、お客様の心理により展開が変わります。ただ、そこには決め手となるポイントがあります。

たとえば、給料前で節約したいときは少々遠くてもC店に夕食の買い出しに行くでしょう。何を作るか決まっていないので、相談できる店がいいという場

合はB店に、子供の誕生日でお祝いをしようという時はA店で奮発するでしょう。

このように、食料品を買うときも、高額商品を購入するときも、基本的心理の骨組みは同じです。先に述べたように、購入までの流れの速度や、ポイントに違いは出るものの、お金を出して物を買うことに変わりはありません。

具体的心理の変化は次の項で説明します。

新店オープンでも同じ心理で

靴店の新規オープンの新聞折り込みを見た消費者が、店に行って購入するまでの流れです。

「へぇー、靴屋がオープンするのか？　高そうだな！」
「安いのも載ってるけど、すぐに傷まないかな？」
「でも、これって今流行の新しいモデルだよな！」
「俺に似合うかな？」

「時間あるし行ってみようかな」

「ほかの靴屋も覗いてみよう！」

「この値段なら買おうかな」

「カード払いでお願いします！」

ここには、お客様の心理が8段階の流れで隠れています。

じつは、このお客様心理のなかに、トップセールスマンにつながる大きな方程式があるのです。これを、私が皆さんに伝えていきたい「お客様心理の8段階」と呼ぶことにします。

大手衣料販売店が超えた壁

今では世界的な衣類メーカーとなり、海外でも高い評価を得ている会社のこ

とを私が知ったのは１９９０年代後半でした。当時の私は、そのメーカーの商品を少し馬鹿にしているところがありました。Ｔシャツ５００円、Ｙシャツ１０００円と当時の一般相場からみて格安だったからです。

しかし、どうでしょう。毎年確実に売り上げが伸びて、海外展開でも確実に実績を上げ、今ではアパレル業界において、世界で第三位の売り上げとなりました。そこには、この会社に対する私の印象が変化していったように、お客様の心理が変化していった過程があるからです。

「安かろう、悪かろう」とよくいいますが、私自身、あるスーパーのバーゲンでＴシャツを購入したことがあるのですが、一度の洗濯で襟首が伸び、すぐに着れなくなりました。その経験から、「安いから悪い！」と決めつけていたのです。このメーカーもそうだろうと、最初は思っていました。しかし、たくさん売れ、業績も伸びているということは、「安いけど、それなりに！」くらいかもしれないと考えるようになりました。これが、安い商品に対する一般的な考え方ではないでしょうか。

「安いから良い！」あるいは「安いのに良い！」とは考えられなかったので

す。これがお客様の心理です。消費者というのは、新規参入者を最初から簡単に受け入れる心理的構造にはなっていません。しかし、この高い壁を乗り越えたときにこそ、大きな実績ができるのです。つまり、「安いのに良い商品だ！」という認識がお客様に定着したことで、このメーカーは世界で第三位にまで伸びたといえるでしょう。

テレビ番組の信用という影響力

「みのもんたシンドローム」という言葉を聞いたことがありますか？

長年放送されているテレビ番組で、有名タレントの「これはいいね！」という発言に視聴者が反応して、消費が大きく動くことをそういうのだそうです。

たとえば、「朝、バナナを食べるとダイエット効果がありますよ！」と放送されれば、当日からスーパーではバナナが売り切れになってしまう現象が起こりました。ここにも、バナナを買おうとするお客様心理があるのです。仮に、私が「朝、バナナを食べるとダイエット効果がありますよ！」といっても、スーパーでバナナが売り切れることはないでしょう。

商売や営業には信用が大事といわれますが、その信用とはすべて、お客様が決めて行動に移すことにつながっていくのです。つまり、簡単にいえば、有名タレントの言葉には信用があり、私の言葉には信用が薄いということになります。これが現実なのです。

人と人の間に心の壁があれば、そこに購入意欲は湧かず、物の動きも起こらないということです。

この壁こそがお客様心理を理解する第一歩となります。いい換えれば、その壁を乗り越えさえすれば、私でもあなたでも、お客様の心を動かすことができ、必ず消費が生まれます。

あの人から買います

同じ店で同じように働いても、売り上げが高い店員、低い店員と差が出てきます。

じつは、売り上げが上がらない人は、「私は頑張っています」「頑張っているのに……」と考えがちです。しかし、さほど頑張っていなくても、そこそこの売り上げを作れる人もたくさんいます。この差はいったい何なのでしょう。

経験の差？　知識の差？　容姿の差？　運の差？　トークの差？　などなど、いくつか考えられますが、最終的にはお客様の心理を理解できているかどうかなのです。

「○○さんから買います」と、お客様から指名をいただけるということは、お客様心理の明確な表れです。なぜ、○○さんから購入するのでしょ

う？　なぜ、目の前いる△△さんではいけないのでしょうか？

それは、お客様が○○さんのファンになっているからです。初めから○○さんのファンではなかったはずですが、お客様心理が動いたから○○さんのファンになったのです。

あなたもお客様心理を理解して、「私はあなたから買います！」といわれるような営業マンに成長していきましょう。

お客様から「ありがとう」をもらおう

私は病院に行くたびに、いつも疑問に思っていたことがあります。それは、会計を済ませると「ありがとうございました」と、お金を支払った患者さんが病院側に伝えていることです。本来ならばお金をもらった方が、「ありがとうございます」というのではないでしょうか。

じつは、ここでもお客様心理が働いていたのです。

まず、患者さんの心理としては、「病気で苦しいところを、助けてもらった」「この程度の支払いで、不安な気持ちをやわらげてもらった」という感謝の気持ちから、自然と「ありがとうございます」の言葉が出てくるのです。

じつは私も、商品を購入していただいている立場なのにたくさんのお客様から、よく「ありがとう！」といわれますし、差し入れをいただいたりもします。実際に業績が良いときほど、「ありがとう」や差し入れが増えるのです。

ここにも、営業を成功させる大きなポイントがあり、お客様の心理の変化がうかがえます。新規のお客様から、いきなり差し入れをいただくことはありません。まだ、お客様との間に壁があるからです。その壁を越えて、「ありがとう」を引き出すことができるか否かが、営業実績の大きなバロメーターにもなるのです。

第3章：お客様心理の8段階 ＋2段階

お客様心理の8段階＋2段階

「買おう！」に至るまでのお客様心理の流れ

最近は郊外型の大型ショッピングセンターが増え、休憩もでき、子供の遊び場もあり、食事もでき、場合によっては映画鑑賞までできる空間があり、買い物に出掛けることが楽しくなってきたという方も多いのではないでしょうか。

ショッピングセンターを訪れる人々は、さまざまな考えや目的で訪れ、ひとときを過ごしていることと思います。

最初から、「あれを買おう」と決めて買い物に行く人もいれば、「今日は時間があるから行ってみよう。良いものがあれば買おう」「今日は見るだけ、暇つぶしだ」など、さまざまな気持ちで赴くのです。

予定通りの買い物を楽しむ人もいれば、予定とは違うものを買ってしまう人、見るだけのつもりがついつい買ってしまう人、結果的には想定以上の買い物をしてしまう人もいるかもしれません。

そこには、ショッピングセンターの空間構成だけではなく、各店舗がお客様にストレスを与えずに買い物を楽しんでいただこうとするインテリアやディスプレイ、ポップや店員の接客態度など、さまざまな努力があるわけです。

「今日はウインドーショッピングだけ！」と決めていた人が、なぜ買い物をして帰るのでしょうか。そこには、店舗全体で演出しているお客様心理を購入へと導く大きな戦略があるはずです。大げさな表現かもしれませんが、楽しく買い物ができて、お客様に楽しんでいただくことこそが、営業マン（販

売する者）の仕事です。そのためにも、お客様心理を理解することが必要なのです。

お客様心理の8段階を順番に見ていきましょう。

必ず「大丈夫？」「怪しくない？」から始まる

第1段階……抵抗

お客様の心理はまず、「抵抗」から始まります。もともと信用があれば話は別ですが、新しい店舗や新しい事業というのは、なかなか受け入れていただけないのです。ですから、この抵抗をいかに取り除いて差し上げるかが、営業をするうえで最初に行わなければいけないことです。これがわからないまま営業を進めても、何の結果も出ません。

第2段階……注意

抵抗とセットになっているのが「注意」です。市場にはこれだけ多くの物があふれて、購入の機会に満ちているのですから、自ら買い物に失敗したことがあったり、家族や知人のなかに買い物に失敗した経験のある人を持つという消費者も多いでしょう。それらを通じて学習したお客様は、「私は失敗しないし、騙されないぞ」と、注意深くなっています。そのような気持ちのお客様にいくら踏み込んだ販売トークをしても時間の無駄になってしまい、購入に至ることは難しいでしょう。

この、抵抗と注意のセットを取り除くことこそが大切な仕事なのです。いくら「この商品はいいですよ！」といわれても、その人・その店・その会社に対して、抵抗や注意の意識が働けば、そのお客様は話を聞く耳を持たないということです。

まず、お客様の抵抗と注意を消すためにも、「お客様心理の流れにある8段階」を理解することからスタートしてください。

興味付けをいかにするか

第3段階……興味

抵抗と注意が消えたお客様に生まれる、次なる心理は「興味」です。

「これは面白いし、楽しい！」

「初めて見たよ」

「噂では聞いていたけど……」

という具合に、その商品に対する興味が湧いてくるのです。しかし一方で、その商品に対しては初めから興味のない人もいるでしょう。ここで明確にふたつに分かれます。

ひとつは、抵抗と注意の心理が消えて会話ができるようになっても、その商品に興味を持たない人。もうひとつは、抵抗と注意がなくなり、会話が進むにつれて商品に興味を持ち始める人。

いくら会話だけが弾んでも、商品に興味を持ってもらえなければ、営業は進まず結果も出ません。そのためにも、抵抗と注意を消して差し上げたあと、いかに商品に興味を持っていただくかがポイントになるのです。

購入後のイメージが大切

第４段階……連想

抵抗と注意を消して、興味を持っていただいた次にお客様が抱く心理は「連想」です。興味が湧けば、お客様の心理として「この服は私に似合うだろうか？」「これは私の暮らしに役立つだろうか？」「これで、どんな楽しいことが生まれるのだろう？」などと、連想することが始まります。

食品売り場なら試食が始まり、ブティックなら試着が始まり、車のディーラーなら試乗が始まるといった具合に、お客様自らが購入後のイメージを膨らませていくのです。

その服やブランドに対する抵抗も注意も解消されず、興味も湧かないまま、いきなり一方的に試着を勧められても、「はい、そうですか」と試着をする人は少ないでしょう。食品売り場の試食コーナーも同じです。勧められるままに食べる方もいますが、興味のない商品は試食をしたところで、なかなか購入には繋がらないものです。

だからこそ、一連の流れに沿ったお客様心理の動きを把握することが大切なのです。

「欲しい」「買いたい」「買わせてください」

第5段階……欲望

お客様の連想が始まり、ある程度イメージが膨らんできたあとに生まれる心理が「欲望」です。ここでいう欲望とは、「欲しい」「買いたい」という気持ちのことです。ここまでお客様の心理を導くことができれば、あとはクロージングをかけていけばよいのです。

売り手として、「売りたい！」「買わせたい！」という気持ちだけがお客様に伝わってしまうと、当然お客様は離れてしまいます。お客様の「欲しい！」「買いたい！」という欲望を生むためにも順を追って、抵抗と注意を取り除き、興味を持っていただき、お客様自身の連想を導き、欲望を湧き立たせるのです。どんな商品の購入においも例外なく、この順番で心理が動き、購入へと進み、消費が始まるのです。

ところが、ここで購入が決定するわけではありません。購入していただくまでには、あと少しお客様の心理を導かなければいけません。欲望が湧いても、最近の消費者はすぐには購入へと向かわない傾向があるためです。

一歩後退こそが購入の合図

第6段階……比較

さて、欲望の次に生まれるお客様の心理が「比較」です。

間違いなく「欲しい」「買いたい」という欲望が湧いても、どこかに「ちょっと待てよ……」というブレーキが一旦かかるのです。とくに買い物に失敗した経験のあるお客様ほどその傾向は強く、必ず一歩後退して考えられます。しかし、売り手として失望することはありません。じつは、これが購入のサインなのです。

「ちょっと待てよ……」と慎重になる背景には、「ひょっとして、これより良い商品があるのでは？」「他社の商品の方が良いのでは？」「どんなデザインやカラーが良いのだろう？」などと、お客様のなかで比較が始まっています。つまり、既に購入しようという意志は具体的にあるということです。ここでいう一歩後退とは、前向きな後退であり、購入に向けて二歩前進することなのです。

車のディーラーでのｉＰａｄの話をしましたが、まさにこの場面、お客様が自ら比較検討を始められたときこそがｉＰａｄの登場舞台です。

お客様の商品に対する抵抗と注意を取り除き、興味を持っていただき、連想を導き、欲望を湧き立たせた次に、「いや、ちょっと待てよ……」と、お考えになったお客様に、最新の販促ツールを使い、他社との比較をスムーズに行うことこそが、ここでのポイントとなるのです。

買おうという意思もないのに他社の製品よりいかに良いかを熱く説明されても、興味は湧きません。むしろ、商品を購入しようという意欲そのものが削がれてしまいます。

レストランでコース料理を食べるにしても、前菜を省いていきなりメインディッシュでは、食事をゆっくり味わうことができず、楽しさも半減です。また、野球にたとえるならば、ピッチャーはツーストライクを奪ったあとに、決め球を投げてバッターを三振に仕留めようとします。最初から決め球を投げてしまうとバッターの目が馴れて迷う必要もなく、最後に打たれてしまう確率が高まるのです。

販売の営業も同じで、ものごとを比較するのは最後の最後、お客様が買いたいという意志を示され、「ちょっと待てよ」となったタイミングを待ちましょう。

さあ、ここまで来たら、あと少しで購入決定です。

お支払い方法の確認で売上成立

第7段階……決意

お客様の抵抗と注意を取り除き、興味を持っていただき、連想が始まり、欲望を湧き立たせ、比較へと導き、「買いたい」「買おう！」という「決意」に至ります。しかし、代金をいただき、支払いが完了しなければ商売は成立しません。頭を使い、時間を使い、誠意を尽くし、お客様の心理を「決意」まで導くことができました。

　ここで最後のひと押し、支払い方法がポイントになります。

　買う・買わないという会話はここまで来ると必要ありません。それよりも、そのお買い物がある程度高額ならば、「お支払いはカードになさいますか？」などと尋ねるだけで、自然にクロージングへと進んでいきます。

「いかがなさいますか？」では、「また今度にするわ」という選択肢を暗にこちらから提示することにもなり、お客様の購入意思をマイナスに後退させてしまう可能性もあります。多少強引に感じるかもしれませんが、お客様自らの比較に

よって、印象が良さそうであれば、購入の意思が芽生えたものと捉え、支払い方法をさり気なく提案することも大切です。

そんなことをいうと、催促しているようで嫌われるのではないかといった心配は無用です。いうべきことはハッキリいうことで、お客様は自然に判断なさいます。万が一ここで断られたとしても、ここに至るまでに誠意を尽くしたわけですから、お客様は「今日は断るけれど、今度買う時にはこの人から買おう」と思うものです。

最近では、クレジットカードの利用ポイントなど、魅力的なサービスも充実しています。タイミングを見てそういった付加価値を紹介するのもひとつの手段です。

第8段階……決定

そして、お客様は最終的な購入へと進まれるのです。契約手続きには丁寧さが求められます。契約書や書類などはひとつ一つ確認しながらきちんと説明して、落ち度がないように手渡しましょう。購入の段階になって、手続きをほかのスタッフに任せるのも問題です。事務方のスタッフに手伝ってもらうのはよいのですが、お客様がお帰りになられるまで、きちんと接客することも忘れてはいけません。これからも長くお付き合いいただこうという気持ちで接するべきです。

アフターサービスとアフターフォロー

＋２段階①……安心

購入いただいて終わりでは、仕事の幅は広がりません。必ず必要なのがアフターサービスです。購入後の対応をしっかりと行うことができれば、お客様の心理には「これを買って良かった」という「安心感」が生まれます。

私が最近疑問に感じるのは、大型量販店やインターネット販売の普及により、便利になった反面、そのシステマティックなサービスに対応できないお年寄りや主婦が増えてきているということです。購入後、商品のことでメーカーや販売店に電話をすると、コンピューターの音声で「……①のボタンを押してください。そうでない場合は②のボタンを……」といったアナウンスが流れてきます。うまく操作ができずにためらっているると「もう一度最初からやり直してください」といわれたり、「オペレーターにつなぎます。しばらくお待ちください」といわれ、やっとつながると思ったのに長い間待たされて、しびれを切らして諦めてしまったという人も、少なからずいるのではないでしょうか。

コンピューターは人件費を削減できる

などの効果がある反面、このような難しい問題もはらんでいます。しかし、どのようなアフターサービス・アフターフォローの形であれ、購入後のお客様は、ケアされているという安心を得られます。

いよいよ、次に生まれるお客様の心理によって、営業は展開し、広がってゆくのです。

お客様からのお友達紹介

＋2段階②……満足

お客様は、買い物の最後の最後に「満足感」を抱きます。この満足感が生まれれば、一連の営業は大成功。そして、お客様から「ありがとう！」の声がいただけるでしょう。

それだけではありません。心からの満足感を得たお客様は、今度は自らが宣伝マンとなってくださり、営業の幅がどんどん広がっていくのです。いわゆる

「クチコミ」が広がるということです。

購入者や利用者からのリアルな宣伝効果は絶大です。お友達への紹介が発生したり、同社の違った商品の購入につながったりと、無限の波及効果が現れます。

お客様を確実にここまで導くのは簡単なことではないかもしれません。しかし、ここで紹介した「お客様心理の8段階＋2段階」を理解したうえで販売トークを進めることができれば、あなたの売り上げは格段に伸びていくでしょう。

お客様心理の8段階＋2段階

抵抗⇩注意⇩興味⇩連想⇩欲望⇩比較⇩決意⇩決定　＋安心⇩満足

この心理の理解が商品販売の鍵となるのです。

次の章では、お客様心理に合わせた的確な販売トークについて学ぶことにしましょう。

第4章：お客様心理に沿って トークを組み立てる

販売トークを組み立てる必要性

物を売り込むためには、プロとしてそれなりのトーク術が必要です。単に巧く話すだけでは売れる営業マンにはなれません。

次のようなことがありました。

ある商品の販売促進のための講演会に、商品開発に携わった大学教授を招いて講演をしていただいたのです。確かに商品のことを論理立ててわかりやすく話してくださいました。参加したお客様は、「すごい先生ですね」「いい話が聞けてよかったよ」など、反応は上々でした。しかし、その新商品の予約など、販売実績はさほど上がりませんでした。つまり、商品の説明のための話と、物を売るための話は大きく違うということです。

販売トークで一番大切なことは、「他人からお金をいただく」ということの認識です。初めて会った見ず知らずの人、赤の他人から、いかにしてお金をいただくのか。しかも気持ちよく、最後には「ありがとう」といってもらえるような流れで……。これが第一の目標となります。

この目標を達成するための、巧いトークではなく、売れるトークを伝授します。

結婚式の来賓スピーチの時間、とても場馴れしていてスピーチも上手な来賓と、感極まって泣きながら何をいっているのか内容がわからないままスピーチを終える新婦の友人がいたとします。さて、どちらのスピーチが記憶に残るでしょうか。

先にも述べたように、おそらく後者の方が多くの出席者の記憶に残っているはずです。

聞き手にインパクトを感じさせながら内容を伝えていく。販売トークでの大切なポイントです。そのポイントを理解して、売り上げを作れる販売トークをマスターしていきましょう。

お客様心理の8段階＋2段階があるように、販売者側のトークにも踏み進むべき段階があります。つまり、お客様心理の段階ごとに、それに応じたトークがあるということです。

お客様（消費者）が商品を購入されるまでに、抵抗・注意・興味・連想・欲望・比較・決意・決定という8段階の心理が働いて購入に至るのは、これまでの説明でご理解いただけたと思います。

このお客様心理を理解したうえで、販売トーク（営業トーク）の6段階を習得することが、売り上げ目標100パーセント達成の極意です。お客様心理の8段階のうち、販売トークでは、「抵抗と注意」「決意と決定」をそれぞれひとつの段階としてまとめ、以下のような6段階に整理します。

①抵抗心理と注意心理を消すためには？
②興味心理を盛り上げるためには？
③連想心理に発展させるためには？
④欲望心理を涌き立たせるためには？
⑤比較心理に持ち込むためには？
⑥決意心理と決定心理に導くポイントとは？

それでは、ひとつずつ具体的に見ていきましょう。

販売トークを組み立てる手順

①現状トーク

抵抗心理と注意心理を消すためのトーク

お客様が商品を購入される際にはまず、抵抗心理と注意心理が発生しますが、これを解消することから営業は始まります。いくら良い商品でも、いくら売りたい商品でも、お客様のこの心理が消せない限り、商品は売れません。

初めにトークするべきことは、商品へと繋がっていく現状を伝えることです。それが会話の第一歩です。

しかし、その前に現状を伝える者が何者なのかをお客様に理解していただかなければ、何をいっても会話にはなりません。会社取引でいえば名刺交換から始まるように、「私はこういう者です。このような会社に所属しております」と自己紹介する必要があります。商品の話はその次なのです。

たとえば、有名タレントが「この健康食品は体にいいよ！」というのと、皆さんが同じことをいうのとでは、お客様の反応はまったく違います。話し手に対する「抵抗・注意」の心理に違いがあるからです。

人間関係が築けていないということは、抵抗や注意が抜けていないということです。それを解消するためにも、「私はこういう者です」と個人をアピールするか、もしくは、会社をアピールすることが大切なのです。

「私は、山川と申します」というのと「私は、○○株式会社の部長の山川と申します」というのとでは、明らかに後者の方がお客様の印象は良く、抵抗・注意が消えやすくなります。会社の役職には大きな力があるのです。

また、自己紹介の前に、お客様にとって親しい紹介者や仲介者がいれば、さらに抵抗・注意が消えるやすくなると思います。これは個人と個人の間だけの問題ではありません。店舗や会社でも同様です。ブランドショップと個人ショップとでは、同じ商品、同じ値段であれば、お客様の抵抗と注意が薄いのは、やはりブランドショップの方です。そうしたお客様心理を理解して、商品販売がスタートするのです。

続いて、商品へと繋がる現状トークが具体的に始まります。現状トークについては、たとえば天候の話から入ったり、その地域の話題や時事ニュースから入ったりと、その場の空気やその地域の特徴なども踏まえて、親しみを持てるようなトークを臨機応変に展開するとよいでしょう。

さて、自己紹介を済ませ、その場の空気を和ませることに成功したなら、次は売りたい商品、売るべき商品に関係した内容を切り出す必要があります。簡単ではないかもしれませんが、ここでお客様の知らない情報や役立つ情報を伝えることができれば、抵抗心理と注意心理がかなり解消されます。

「なるほど！」「うぅ〜ん」「へぇぇ〜」など、何かしら反応が現れたら、抵抗・注意が消えてお客様は興味を持ちはじめたサインです。

②衝撃トーク　興味心理を盛り上げるためのトーク

そこでようやく、商品の登場です。そこまでの現状トークを衝撃トークへと切り替えて、お客様へのアプローチがさらに一歩前に進みます。

たとえば、糖尿病の予防によいサプリメントの説明をしているとしましょう。

「（挨拶⇩自己紹介⇩）最近、ダイエットしてムキムキの筋肉質になるテレビコマーシャルがよく流れていますよね。あれは食生活まで管理してくれるから結果が出るようです。ダイエットや健康管理には、食生活が大切だということですね。実際、食生活の乱れから日本では糖尿病患者及びその予備軍が約2050万人（国民の5人に1人が該当）と厚生労働省が発表しているんです」など、身近な話をすることで、営業マン、会社、店舗への興味から、商品に対する興味へと話題を変えていきます。そのためには、一般論ではなく、お客様本人にとっていかに衝撃のある

内容のお話しができるかにかかってきます。「国民の5人に1人が糖尿病予備軍！　糖尿病にはさまざま合併症がある」……つまり、周りを見渡せば、あの人もこの人も糖尿病の手前かもしれない。糖尿病になって合併症を引き起こしてからでは遅いといった衝撃的な現実問題（生活問題、社会問題、教育問題、健康問題、老後の問題など）を紹介しつつ、その現実問題を知らずに過ごしている人があまりに多過ぎる危機感を説明します。そして、「あなたはご存知でしたか？　今日はこの話をお聞きになれて本当によかったですね」……こうしてお客様の心の扉をしっかりノックすることによって、紹介したい商品への興味を盛り上げていくわけです。その後、商品と自分の接点を探る連想心理が生まれてきます。長年の販売経験から、最終的にはここがお客様の商品購入のいちばんの決め手だと言えるのです。

もちろん、「このままだとあなたも糖尿病になりますよ」などと脅しをかけて恐怖感を煽り、お客様を不安に陥れるような話は絶対にしてはいけません。実際、そういうトークをして消費者センターに通報されるような業者も実在するのです。そうした脅迫商法が原因で、健康食品の販売はいかがわしいと思われがちなので、なおさら細心の注意が必要です。

乱暴にお客様の不安を煽るのではなく、嘘偽りのない現実を正確に伝えることでお客様の知らなかった情報を提供し、「この話を聞けてよかった」「この人に出会えてよかった」という安堵感や安心感を持っていただくことこそが真の衝撃トークなのです。

たとえば、高齢になると誰もが「脳梗塞で倒れるのではないか」「1年後にはガンになっているのではないか」あるいは「認知症で徘徊するのではないか」といった健康上の不安を抱きます。だからこそ、さらに不安を煽るような過剰な話をする必要はないのです。3人に1人はガンになるという確かなデータを示すだけで、「さて、自分はどうだろう」と、お客様は自ずと興味心理を増加します。

私は、衝撃トークをきちんと話して売れなかったら、「タイミングが悪いか、お金がないかのどちらかですよ」といって指導してきました。後輩たちには具体的なトーク術を教えるのではなく、こういう組み立てでやりなさいという形で育ててきたのです。実際にこの組み立て方で販売をすると、どんな業種の営業にも対応することができます。

ある生命保険会社の営業レディーが、保険が売れないと悩んで私に相談に来たことがありました。私は彼女に、衝撃トークをしないと保険は売れないという趣旨の話をしました。つまり「もしもガンになったとき、保険に入っていなかったら困りますよね」というトークが必要なわけです。ところが、その保険会社では「衝撃トーク」をしてはダメだといいます。要するに、保険会社では衝撃トーク＝恐怖トークなのです。

「保険に入っていないときにガンになったらどうするんですか？」というように、「ガンになったら」という想定の言葉を入れてはいけないのだそうです。しかし、別の保険会社の知り合いにその話をしたところ「衝撃（恐怖）を話さなきゃ保険なんて売れませんよ」と、ハッキリいっていました。ただ、勘違いをしてはいけません。そういう話ができる信頼基盤をお客様との間に築くことが大前提です。

③対策トーク

連想心理に発展させるためのトーク

衝撃トークによってお客様の心理は、抵抗⇩注意⇩興味、そして連想心理へと移っていきます。そこで必要なのは、対策（なぜ、今この商品をお薦めするのかという理由）を伝えなければいけないということです。

ここで、販売したい商品に直接的につなげるのです。たとえば、お薦めしたい商品が最新型の空気清浄機だとします。季節が春ならば、「花粉の季節、お部屋のなかに花粉が舞うのはイヤですよね。こちらの商品は……」と、トークを組み立てていきます。

梅雨や蒸し暑い夏ならば、「お部屋のなかがジメジメする季節に雑菌が繁殖するとカビの原因になりますね。そこでお薦めなのがこちらの商品です」という組み立てです。

秋にはどういうトークがいいでしょうか。「涼しくなると、肉眼では見えないダニの死骸や糞がホコリに混じって空気中を舞うんです。そんな対策にはこちらの商品が……」と、お薦めするのがいいかもしれません。

そして冬はどうでしょう。「空気が乾燥する季節、風邪やインフルエンザの予防のためにもお部屋の空気をキレイにしたいですね。冬こそこちらの商品が……」という具合でしょうか。

「誇示付けだ」というとそう思えるかもしれませんが、決して嘘の話ではありませんし、どれもお客様のより良い暮らしを思えばこそのトーク内容になっています。特別なことではなく、お客様の日常に沿った内容であれば、過剰な販売トークにはなり得ないのです。

④必要性トーク

欲望心理を湧き立たせるためのトーク

ここで理解すべき心理とは、お客様がその商品を欲しいと感じた場合に、まずは「自分のために役立つだろうか」という疑問を消して、「きっと役立つはず！」という思いを湧き立たせる心理のことです。

たとえば、「この服は俺に似合うかな？」と思って、試着して鏡を見ると、「おぉ、いいじゃん！」という思いが自然と欲望に変わっていくわけです。

また、カーディーラーに車を見に行った場合、そこにはいろいろな車が展示されています。高いし、維持費もかかるし、「待てよ……」と冷静になって、心理状態は第1段階の抵抗と注意に戻ります。しかし、「この車を買って家族みんなでどこかに行けたらいいな」という欲望が湧くと、抵抗と注意は再び興味へと変わり、「やっぱり、あるといいよな」と思えるようになります。家族で車に乗ったシーンを連想し、子供の笑顔が思い浮かんできたら、「うん、やっぱり欲しいな」という欲望が現実味を増してくるのです。

つまり、お客様の欲望心理を湧き立

たせるためには、まずは連想心理へと導いていきます。順を追って具体的に見ていくと、現状を話して、衝撃を話して、次に具体的な対策を話すのです。

現状とは、一家に一台、車があるのは当然の社会になってきていることや、また、安全対策や燃費の向上などについても、ずいぶん工夫された商品であるということなどです。

続いての衝撃とは、たとえば、現代の子供は勉強やゲームに忙しく、子供を交えない夫婦間では会話がどんどん減り、家族間のコミュニケーションを取るのがとても難しい時代だというようなリアルな現実を伝えます。その先には「家庭崩壊」といった悲劇がある可能性も決して否めません。そんな家族の将来をシュミレーションすると、子供を持つ父親の多くは何らかの策を講じたいと思うものです。そこで、「車があるとどうですか？」「車があると家族で一緒に出掛けることもでき、自然な形でコミュニケーションが取りやすいですよ」と会話を進めます。

決して車が贅沢品ではなく、家族のためには車があったほうがいいということを、当然の感覚で説明することによって、お客様の欲望を湧き立たせるわけです。つまり、ここでお客様の欲望心理をマックスにもっていくために、商品のアピールポイントを丁寧に伝えていくというわけです。

まず何よりも、お客様の心理の流れをしっかり把握して、その流れに応じた適格なトークをしていかなければ、響くはずのものもまったく響きません。

⑤ 希少価値トーク

比較心理に持ち込むためのトーク

欲望が湧いて、お客様は購入を考え始めるわけですが、「でも、待てよ。ほかのメーカーの商品はどうだろう？」と、自ら比較を始めます。誰かからの押し付けではなく、自分で比較してみようとする気持ちこそが、ここでいう比較心理です。

たとえば、車ならトヨタにするか、ホンダにするか、どんな価格帯や車種があるのか、燃費や車内の広さ、運転の快適性など、気になることはたくさんあります。また、同じメーカーでもこっちのディーラーとあっちのディーラーではどちらがいいか。情報はたくさんあり、車も年々進化しているのですから、一歩引いて比較してみるのは当然のことです。

お客様のなかに比較心理が生じたあと、ようやく他社商品との比較を詳細に伝え始めるタイミングです。ここで最新鋭の販促ツールなどを存分に役立てればいいのです。お客様がより必要としておられる情報（比較の材料）を惜しみなく的確に伝えましょう。

もし、ライバルに劣る点がある場合は、隠さず正直に伝えることも必要です。ただし、「この部分は若干劣りますが、それ以上にこの部分では弊社の商品の方がはるかに優れています」と、比較しながらも自社商品の優位性を丁寧に伝えなければなりません。お客様にとって、弱点を正直に認めたうえで話す営業マンは、信頼できる存在になるものです。

そして、ここでもうひとつ大切なことは、絶対に他社商品の批判をしてはいけません。比較と批判はまったく違うということを認識してください。他社商品の批判をして自社商品が売れたとしても、それはその場限りの成果に過ぎず、そのお客様の信頼を勝ち得たことにはなりません。むしろ、今後の営業活動には大きなマイナスとなるでしょう。営業マンとして、いかなる場合も敵をつくるべきではありません。皆さんが扱っている最高の商品を、最高のカタチでお客様にお届けする。そのために、他社の商品を批判する必要などまったくありません。

販売成功のため、希少価値トークに付け加えていただきたいのが商品の限定感です。「今だけ」「今月中なら」「限定数◯◯」などの限定情報をぜひ提供してください。

⑥ 安価トーク

決意心理と決定心理に導くためのトーク

ある程度の比較検討が終わったら、最終決定のために何をするのかが重要です。ここでは、お客様の欲望（購入動機）に沿った適性や安価を説明していくことです。

カーディーラーでの営業を例にすると、家族みんなで出掛けることを考えて車内空間が広いことや、車内での会話が弾むように前後の座席は自由に行き来できることなど、ほかのメーカーの車より優位性のある部分について念を押します。また、車の機能性や特典などを総合的に考えたときにこの価格は絶対にお得であるなど……。それが比較心理を収束させて決意心理に変えていく重要なトークです。

安価というのは単純な低価格のことではなく、お客様が感じるお得感や割安感のことです。たとえ高額ではあっても、それ以上の価値を実感していただくことが重要です。

そして、いよいよ最後に支払い方法です。

クレジットカードでの支払いならば、ポイント機能などの特典があることを紹介したり、提携するカード会社がある場合は、新規契約に登録料が不要であることや、今後のお買い物にさまざまな特典があることなどをわかりやすく説明して、お客様に安心感を与えたうえで購入決定に導きます。

購入が決まっても、代金のお支払い手続きが完了しなければ意味はありませんから、お支払い方法は最後まで丁寧に説明し、納品の方法などもきちんと伝えることが重要です。場合によっては納品が悪くて返品になることもあるのです。

クロージングを丁寧に対応することは、「＋安心⇩満足」の心理につながっていくわけです。そうすると、後々の買い替えや追加の購入なども見込め、長いお付き合いの継続客になっていただけます。さらに、そこからお知り合いを紹介してもらえるようになると、強力な味方の営業マンが一人増えるようなものです。

ここまで一連の販売トークができて、お客様を購入へと導くことができるかできないかが営業力の違いということなのです。このお客様心理の流れに沿ってトークをしていけば、お客様は自然な流れのなかで購入へと心が動いていきます。私はそれがわかったことで、満足な売り上げ実績をコンスタントに残すことができるようになったのです。

①現状⇩②衝撃⇩③対策⇩④必要性⇩⑤希少価値⇩⑥安価

以上が皆さんにお伝えしたい販売トークの6段階です。

これらのトークを、お客様心理に照らし合わせて進めていくことによって、お客様にも喜んでいただき、営業成績を伸ばすことのできる仕事が生まれるのです。

お客様がまだ、抵抗・注意の段階なのに、あせって衝撃トークに移ってしまうとお客様の心は離れてしまいます。決して売り急ぎはしないでください。逆に、お客様はすでに購入の決意をしているのに、クロージングをせず長々と商品の説明をしていると、せっかくの販売機会を逃してしまいます。

お客様の心理の動きを冷静に見抜く能力が問われます。お客様は営業マンに心理を見抜かれても、気分を悪くすることはありません。むしろ、気分は良くなり営業マンを信頼するのです。

その結果、お客様は喜んで商品を購入してくださり、その商品の購入によって幸せな暮らしを送ることができます。同時に、営業マンは売り上げ成績を伸ばし、幸せな暮らしにつながります。

営業・セールスとは、究極的には「お客様と営業マンがお互いに幸せになること」と言っても決して過言ではないのです。

●コラム●

おみやげの渡し方にも演出が必要

講演販売会の場合は来場されたお客様にちょっとしたおみやげをお渡ししします。たとえば、2日間にわたる講演会の場合は、1日目に次の日に渡すおみやげの説明をします。健康食品の講演販売会で、地元の八百屋さんと提携して新鮮な野菜を3種類プレゼントしたことがありました。

まずは「明日はおみやげをお渡ししますから、楽しみにしていてくださいね」といいます。次におみやげの内容を紹介するのですが、そこで気を遣ったのは、野菜3種類を紹介する順序です。たとえば、カボチャとニンジンとピーマンの3種類をプレゼントする場合、3つのなかでお客様が最も喜ばれるのはカボチャです。いちばん高価なカボチャを最後にとっておきます。次に、ニンジンとピーマンのどちらが人気かというと、ニンジンの方が人気あります。ピーマンより見栄えがいいからです。つまり、「明日のおみやげは、新鮮なニンジンと、ピーマンと、カボチャですよ！」というのです。華のあるニンジンを最初にもってきて、その次がやや地味なピーマン、そして最後に高価なカボチャが付くと、お客様のなかで「あら、3種類も！豪華ね！」と、印象の良さが倍増して、「明日も来なきゃ！」となるわけです。

じつは、こういう些細なことが、お客様の心を引き付けて、足を運んでいただくための大切なテクニックなのです。最初にピーマンをあげると、「え、ピーマンかぁ……」とインパクトが弱くなり、トリをピーマンに飾らせると盛り上がりに欠けて、「明日は来るのやめようかな」と思われてしまいかねません。一番人気は最後に、二番人気を最初に、三番人気を真ん中に挟む。些細ななかにも喜ばせ方のメリハリが生まれるのです。

コラム

家族からの苦情は防げない

会社を創って健康食品の販売を始めた当時、年に1回から2回はお客様のご家族から苦情がありました。「お母さんやおばあちゃんに高い物を売りつけないでください！」と電話があり、私は誠実にご説明するのですが、残念ながらキャンセルになってしまう場合もあります。

しかし、そういって電話をしてくる人の多くは「親のお金を自分のもののように考えている人」なのです。お母さんのお金はお母さんが自分のために役立てればいいと考えるお子様は、苦情をいってくる前に、まずお母さんの話をじっくり聞きます。

親のお金は自分のお金だと思っている人は、どんなに丁寧にご説明しても聞く耳を持たれません。

そして、キャンセル手続きのためにお宅を訪ねてみると、その家族は高級外車に乗っていたりするのです。その車も親御さんにお金を出してもらったのじゃないのか……と、思わず勘ぐってしまいました。

以前はそういう経験も少なくありませんでしたが、最近は、そういった苦情もすっかりなくなりました。お客様が納得されるだけでなく、喜んで購入されるように接客をしていますし、トークもしています。商品の良さがお客様に本当にわかっていただけている証拠だと自負しています。

コラム

お客様をお呼びするときにはお名前で

私が新米営業マンの頃、店先でお客様の自転車を整理しながら自転車に書かれた名前を覚え、店内で「豊田様！」とお名前でお声をかけました。新規客の豊田様は驚かれましたが、「失礼しました。自転車にお名前がありましたので……」と説明するととても喜ばれ、その後、豊田様は私に親子のように接してくださり長いお付き合いをさせていただきました。営業マンがお顔とお名前を早く覚えることは、お客様との距離を縮める大切なポイントです。

ただし、最近はお客様の個人情報を厳守することにも注意が必要です。お名前を呼ぶ際には、周りの状況や声の大きさなどにも配慮しましょう。

第5章：お客様心理から見た実践トークポイント

話し上手だけでは売れない

世のなかには話の上手な人がたくさんいます。しかし、その人たちが皆、営業が巧く売り上げを伸ばせているかというと、それは違います。先に述べた結婚式のスピーチと同じです。立て板に水が流れる如く、澱みなくスラスラと話ができたとしても、そこに、相手の心に残る衝撃がなければ購買欲をくすぐる要素は生まれないのです。

たとえば、国語の授業で起承転結が大切だと学びます。これを基本に文章を作れば巧い文章は書けると思いますし、ある程度は読者に感動を与えることもできるでしょう。しかし、それだけでは、営業成績を上げるトークはできません。

最近、私の周りには、話は下手でも毎月しっかりと営業成績を上げる社員が増えてきたような気がします。逆にいえば、話が上手な人ほど話術に頼りすぎて、成績が悪くなっているかもしれません。

営業成績を上げている人は、先述したお客様心理を理解して営業を進めているのです。たとえ話が下手でも、お客様の心理を理解して把握しながら営業を進めることはできます。

つまり、抵抗と注意から始まって購入の決定に至るまでの間、そのときどきにどの段階までお客様の心理が動いているのか、そこを見抜いた会話（接客）を的確にすることこそが成功の鍵です。

話し上手であればあるほど、自分のトークに自信があり、先に進みすぎてしまい、お客様の心理にまで気持ちが及ばないことが多いのです。つまり、お客様の心理を理解することなくマスターベーショントークになってしまうのです。

「1話して9聞け」とは？

「話し上手ではなく、聞き上手になりなさい」とよくいわれますが、お客様の心理を理解するには、お客様の話をよく聞くことが大切です。極論をいえば、会話の9割は聞き手に回り、残り1割が話し手になる。これでよいのです。

そうすることで、お客様の心理がより把握できます。相手の話にうなずきながら、抵抗→注意→興味→連想→欲望→比較→決意→決定という8段階を進め、そして、それに沿った販売トークの6段階を摺り合わせるのです。

以前、私が商品販売をしていたころに、次のようなことがありました。

店舗は新商品キャンペーンの期間で目標達成のために活気で溢れていましたが、私は馴染みのお客様につかまり、一方的な会話に1時間も付き合って、お店も閉店時間を迎えてしまいました。

高額商品であるため、買っていただけるかどうかは別として、そのお客様に商品の説明すらできなかったので、実績を上げられない1日になってしまったと、残念な気持ちでいっぱいでした。ところがそのお客様は、「長い愚痴に付き合ってくれてありがとう。新商品が出たのね、予約させてもらいます」と言い残し、翌日、代金を持参してご来店くださったのです。

私がそのお客様にしたこととといえば、販売トークでも何でもなく、約1時間、いやな顔をせず、お客様の愚痴に付き合っただけです。しかし結果として、その時給分の営業は十二分に果たせたわけです。これは単なる偶然で出た結果ではありません。愚痴を聞きながらお客様との人間関係を築くヒントを得、「お客様心理の8段階」の流れを自然に導くことができていたのです。笑顔と相づちだけで販売トークが完成したという一例です。

お客様は十人十色

新人営業マンによるお客様への対応を考えてみましょう。

新人営業マンというと、マニュアルを必死に覚えて、それに沿った営業で孤軍奮闘するのが常ですが、いい換えれば、どんなお客様に対しても同じ対応をしてしまうということでもあります。

私は以前、こんな経験をしたことがあります。

あるハンバーガーショップで、ハンバーガーとポテトとドリンクのセットを頼みました。ところが、店員さんは注文の確認後に「ご一緒にポテトもいかがですか？」と問いかけてきたのです。セットを注文しているのでポテトは付いてきます。しかし、その店員さんはマニュアルに沿った対応をしたのでしょう。「注文後にサイドメニューの追加を聞く」という教育を受けたため、その言葉が出てきたのだと思います。

お客様は十人十色なので、誰にでも同じ対応をしてはいけないのです。

お客様の現在の心理は8段階のどの位置なのかを会話によって見極めることもでき、これを見極めることにより、会話の内容も一辺倒なものではなく、臨機応変に変えていく必要があるのです。

お客様心理の段階を把握できるか否かが、営業成績を決めるといっても過言ではありません。それができてはじめて、販売トークの6段階も生きるのです。

買いに来たのに買わずに帰る

お目当ての物を買いに行ったのに、店員の対応が不満で買わずに帰ってしまったというような経験はありませんか。このようなことが起きてしまうのは、店員がお客様の心理をわかっていないからです。

家電量販店に、テレビを購入するためにお客様が来店されたケースを紹介しましょう。

最初にAさんが来店され、たくさん並んだテレビを眺めているところに、店員が声を掛けてきました。その店員は最新型テレビの説明を丁寧に行い、Aさんは何点か質問をしましたが、最後は納得して購入に至りました。これはごく普通のやり取りかもしれません。

さて、次にBさんが来店され、Aさんと同じようにテレビを眺めていました。すかさず、さきほどの店員が歩み寄り、先ほどと同様に最新型テレビの説明を丁寧に始めたのです。しかし、店員には先ほどテレビを購入してもらった実績と自信があるため、より一層のサービス精神を発揮し、イチから細かく丁寧に説明してしまいました。ところが、説明を進めるにつれてお客様であるＢさんの顔色が変わり、結局、購入されずに帰ってしまったのです。

じつは、Ｂさんは前日にこの店を訪れ、違う店員からまったく同じ説明を既に聞いていたのです。今日は代金も用意して、購入するために来店したというのに、前日と同じ説明をされ、無駄な時間を割かれたことに気を悪くされて帰ってしまったというわけです。

この場合も、お客様の話を聞くことなく一方的な販売トークをしてしまい、お客様心理を理解しようとしなかったことで起きてしまいました。ほんの少しでも、お客様の心理を理解したいという気持ちが店員にあれば、防ぐことができたはずです。

つまり、Ａさんに対しては販売トークの「①現状→⑥安価」までが必要でしたが、Ｂさんに対しては最後の「⑥安価」だけでよかったということです。

良い読書感想文とは？

私は、本を読むのも苦手で、小学校、中学校と、夏休みの読書感想文を書くのが一番嫌いな宿題でした。とにかく、書くことが苦手だったのです。子供も私に似たのでしょうか、読書感想文が苦手でなかなか書くことができません。妻はそんな息子を何とかしてやりたいと思い、インターネットで「読書感想文の書き方」というマニュアルから、数点の全国入選作品まで検索していたのです。私はそれを見て大変驚きました。

入選作品には、本に対する感想よりも自身の体験談が面白いように描かれていました。良い読書感想文は、読んだ人に感動を与えるものです。単に感想を綴っただけでは、感動を与えられないということを知り、この年になってとても勉強になった気がしました。じつは、営業にもこのことと大きな共通点があるのです。

たとえば、家電販売店で店員がお客様に最新型掃除機の使用方法を説明したとします。これは、本の感想を書くことと同じです。つまり、お客様には店員自身が新型掃除機を使用したときの感動や驚き、便利さなどを話すことこそが、最も効果的なトークになり得るのです。これが入選するほどの感動的な読書感想文と共通するわけです。

店員自身の体験談はお客様に衝撃を伝え、掃除機を購入したときの感動をリアルに連想させ、それを聞いたお客様は購入意欲が湧いてきます。その結果、商品機能を長々と説明するよりも多くの購入を生むのです。商品説明に力を入れるよりも、お客様に衝撃を伝える。これが重要なポイントです。

スーパーでおなじみの「イチ・キュッ・パ」商品

スーパーマーケットでは、やたらと「98円」「980円」「1980円」などのポップが目に止まります。アメリカなどでは、「99$」「999$」「1999$」などが目立ちます。これもお客様の心理を考えて設定されている価格なのです。

そこには価格の桁を上げずに割安感を与え、お客様の欲望を掻き立てる目的があります。ひょっとすると90円でも利益はじゅうぶん出るのに、わざわざ98円に値上げしている商品もあるかもしれません。消費者は、98円なら「90円より高い」ではなく「100円より安い」と感じてしまうものです。

ここまで読んで、この割安感が一番の目的だとお考えかもしれませんが、じつは違います。一番の目的は、お客様にストレスを与えないことなのです。

たとえばお菓子売り場に、98円のA、95円のB、そして102円のCという、3種類の商品が陳列されている場合と、A・B・Cすべてが98円で陳列されている場合とでは、どちらが買い物しやすいでしょうか。間違いなく価格が統一されている後者でしょう。このストレスを与えない価格設定が、お客様心理を決意から決定に導く近道で、販売員のいない無言の「安価トーク」が隠れているのです。

欧米では9が、日本では8が心理的に購買力を上げる数字のようです。要するに店側が売りたいと思う価格とは違ったとしても、買い手であるお客様の心理を優先して、お客様にストレスを与えないこの価格が設定されているのです。そしてまた、それが売り上げアップにもつながるという構図です。お客様の心理にストレスを与えないことが、次のご来店、ご購入にもつながっていきます。

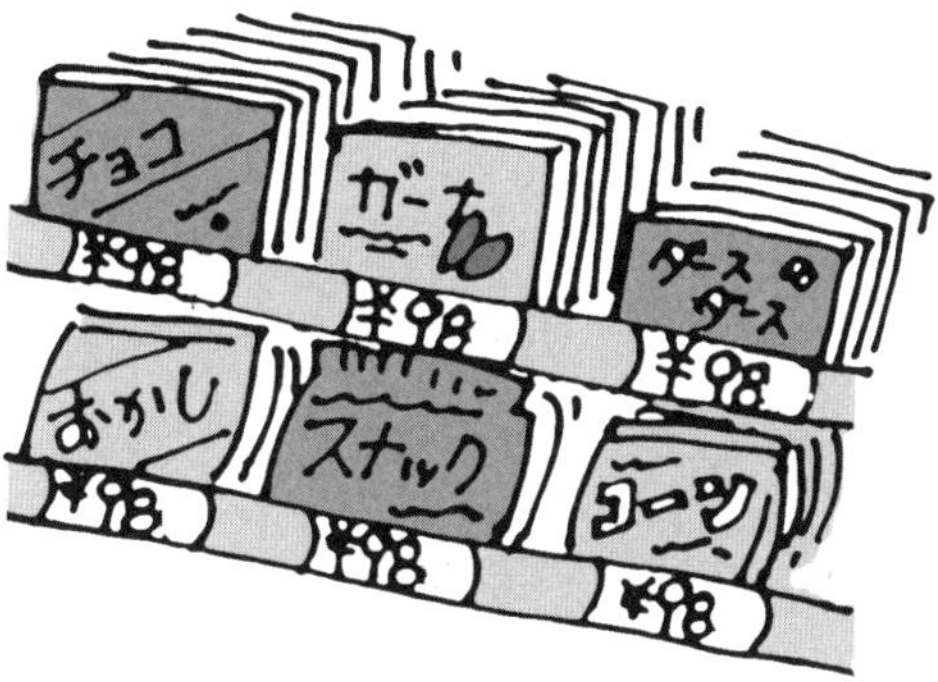

テレビショッピングはエキサイティングなライブショー

テレビショッピングは今や世界中で人気が高く、海外に行ってホテルでテレビを点けると必ずテレビショッピングが放送されているほどです。言葉がわからなくても、視聴者の心理をうまく向上させているなと感心させられます。

テレビという媒体そのものに、視聴者（お客様）の抵抗や注意を和らげる効果があります。ですから、視る者の心理をすぐに興味・連想へとつなげるのです。そして短時間のうちに欲望を涌き立たせ、比較に持ち込み、決意・決定にまで誘導するわけです。まさに短時間のライブショーです。

この短時間で売り上げが作れるのは、お客様心理の８段階がスムーズに流れているからです。番組内ではＣＧ映像などを巧みに使い、興味・連想・欲望とお客様の心理が自然に流れていくよう、販売トークの６段階が生かされているのです。

海外のテレビショッピングを視て驚いたことは、決意・決定のために、受付時間残りわずかというカウントダウンはもちろんですが、「リリリリリィーーーーン、リリリリィーーーーン」という電話の呼び出し音がじつにタイミングよく流されていたのです。

早くしないと商品がなくなってしまうのではないかと、思わず私も電話したくなるほど効果的な演出でした。

日本でもＣＳ放送（ケーブルチャンネル）では24時間、テレビショッピングが楽しめるようになっていますが、最近では商品ではなく、出演するパーソナリティーによって売り上げが大きく変わるそうです。これ

も、視聴者（お客様）の心理を理解している人が、決意・決定までうまく導くことで結果を残し、人気パーソナリティーとなるのです。

お客様心理を理解できないパーソナリティーは番組から去らなければいけないという、華やかに見えてもサバイバルのような過酷な世界。だからこそ、お客様心理の理解が売り上げを左右する重要な鍵になるわけです。

日本で一番お客様心理をわかっているのが、あの有名テレビショッピングの社長さんかもしれませんね。人懐っこい高音の声が耳に残り、嫌味に感じず、なぜかつい聞き入ってしまう、そのインパクトが「衝撃トーク」なのです。いつも、終盤になってから格安の価格を発表して「安い！」と思わせるテクニック。しかも、そこで終わりではありません。さらに特典が付きます。特典がひとつかと思えば、さらにひとつ、さらにもうひとつと付けて視聴者を驚かせ、お得感で喜ばせるのです。そんなタイミングで、空かさず「限定５００セットです！」と最後のダメ押しにかかります。早く買わなければと、興奮気味に電話をするお客様の心理が手に取るようにわかります。ポイントは特徴のある声にあり、その発声がお客様に衝撃を与える販売トークに繋がっています。

「抵抗と注意」をいかに消すかが勝負の鍵

本章では、ここまで、さまざまな実例をあげてきましたが、営業するうえでお客様心理が何よりも大切だということはご理解いただけたでしょうか。どれほど興味深い話でも、自分に似合いそうでも、欲望が涌き起こっても、ほかより良い商品でも、会社や店や店員に対する抵抗と注意がお客様に残っていたら、購入の決意と決定をいただくことはできません。

20年ほど前、つまりインターネットが普及する前までは、「名古屋まで、わざわざ東京から営業講師が来てくれた」というだけで、ありがたいと思ってもらうことができ、お客様の心にこちらの話が届いていたのです。しかし、今はそうはいきません。よほどの肩書や実績がなければ、いかがわしく怪しい人物と見られてしまいます。

そんな時代になった今、お客様の抵抗と注意をいかに解消していただくかが営業実績を上げる大きなポイントになります。仮に、与えられた時間の９割をつぎ込んででも、お客様の心理から取り除きたいのが、抵抗と注意なのです。

そのために、会社やお店は商品のコマーシャルや、使用者の声などの体験談取材、店頭ディスプレイなど、さまざまな戦略戦術を駆使しながら経費も使います。しかし、たとえどれだけ経費を使って商品のイメージアップを図っても、最後の最後は営業マン個人の力量がモノをいうのです。

どのような業界、市場であれ、営業マンとして勝ち抜き、生き残り、幸せな人生を送るためにも、お客様の心理がどのように流れるのかを正確に捉えることができるよう、個の力を磨き、それに沿った販売トークを組み立てていきましょう。

第6章：お客様心理に沿った販売トーク実例

さまざまなシチュエーションに対応するチカラを

さて、最後の章ではお客様の心理を踏まえたうえで、具体的な商品を設定した販売トークの例を紹介しましょう。みなさんは、ここまでに学んできた『お客様心理の8段階＋2段階』と『お客様心理に沿ったトークの6段階』を思い出しながら、さまざまな業種の、さまざまなシチュエーションにおけるトークを頭の中でシュミレーションしてみてください。

私にはそれぞれの商品に対する専門知識はありませんので、ここでは商品の知識を羅列するようなことはせず、トークのポイントに的を絞ってお話しいたします。しかし、営業マンは自分が販売する商品の知識を、お客様以上に持っておくのが大前提であることはいうまでもありません。

マンション販売のトーク実例

マンション販売の現場はモデルハウスが中心になります。モデルハウスに来場する大半の人は、マンション購入を考えている人であり、訪ねたマンションも既に選択肢のひとつになっているのです。

しかし、このマンションにするのか、別のマンションにするのかを比較検討している段階です。最近のマンションは、同じ価格帯であれば、さほど品質に差はありません。住環境や駅からの距離、子供が通う学校や買い物をする場所などのロケーションが重要な決定要因でしょう。AのマンションとBのマンションを比較して、それらの条件がほぼ同じか、あるいは若干Aがいいけれど、どうするかを迷っているような場合、Bの営業マンの人柄やトークが信頼できそうだと感じると、多くの人はBに決めるのです。ほとんどの人にとって、マンションの購入は一生に一度の大きな買い物です。その買い物を信頼できる営業マンから買おうとするのです。

あるマンションのモデルルームに30代の若いご夫婦が、お子様連れで見学に来たとしましょう。購入までの心理を分析して解説します。

まずお客様が感じるのは『①抵抗と②注意』です。

「この会社はどんな会社だろう?」「この物件、欠陥はないかな?」「この営業マン、大丈夫かな?」という注意から始まります。

そして営業マンとの会話が始まり、その心配が払拭されれば『③興味』の心理が生まれます。すると「私たち家族がここに住むとどんな感じだろう」とイメージが膨らみ、買い物をする姿、家族で過ごす光景などを『④連想』します。そこで、欲しいという『⑤欲望』が生まれます。しかし、ここで決定ではありません。このとき「ほんとにここでいいのか?」と一歩引いて考えて、ほかとの『⑥比較』をするのです。

そのときのクロージングとして、「おかげ様で昨日は○○件契約が成立しました。残り少なくなっています」などの言葉も購入を決定づける要素になります。

そして、一旦自宅に持ち帰ってご夫婦でよく考えることになります。これからの生活設計、環境、学校、通勤通学、病院、スーパー、交通機関などの要素を総合的に考えて、購入しようという気持ちを『⑦決意』して再度モデルルームを訪れ、住宅ローンなどの支払いも考慮したうえで『⑧決定』に至ります。

これがお客様心理です。どんな商品でも、購入するお客様は8段階の心理の流れに沿って動いています。「お客様心理の8段階」を理解することが、営業において一番大切なことなのです。

では、続いて「トークの6段階」を見ていきましょう。

まずは、「ここはとても人気のエリアで、学校、病院、スーパーなども揃っており、生活するうえで非常に便利ですよ」といった『①現状トーク』。続いて、「環境的には申し分なくても、マンションの耐久性や耐震性なども確認しておく必要があります。また、山の斜面が近くないか、そばを流れる河川の治水は大丈夫かなども重要です。たとえば、地名に、田、沼、池、といった字が付くような土地は、昔そこが水辺で地盤がゆるかったという場合もあり得るのです。そういったこともじゅうぶんに考慮して選択する必要があるんですよ」という『②衝撃トーク』。そして、「その点、私どもがお薦めするこちらのマンションは業界でもトップクラスの安全性を誇りますのでご安心いただいて大丈夫です」と『③対策トーク』をしながら、信頼できる裏付けデータをお見せします。

ここからはより具体的な商品説明に入っていきます。「こちらが間取りになります。それぞれのプライバシーがしっかり守られながら、ご家族のコミュニケーションが取りやすいお部屋の配置になっています」といった『④必要性トーク』。次に、「同じエリアのどの物件と比較してみても、日当りの良さは最高です」というような『⑤希少価値トーク』。そして、「今ですと○○銀行のこちらのローンをご利用になると、金利がこんなにお得なんです」と、わかりやすい資料を提示しながらの『⑥安価トーク』へと進んでいくのです。

いかがですか？　お客様心理の流れに沿いながら、無理なく自然に販売トークが進んでいることがおわかりいただけたのではないでしょうか。

車の販売のトーク実例

たとえば、50代後半の男性客へのトークをシュミレーションしてみます。まず最初に、「先日、隣町に新しい総合病院ができましたね。設備も充実しているようですが、距離的に車がないとちょっと不便ですよね」といった『①現状トーク』。続いて、「家族に高齢者や小さな子供がいると、夜中に急に具合が悪くなったときとかに困るんですよ。昔のように医者が往診に駆けつけてくれませんからね。救急車を呼ぶほどではないけれど、救急対応をしてくれる病院が遠くてタクシーを呼んだら待っている間に危険な状態になったなんて話もよく聞きますよ」という『②衝撃トーク』。そして、「今回、モデルチェンジしたこちらの車ですが、車内が広いうえにスライドドアですから、お年寄りやお子さんも乗り降りがラクなんです」と『③対策トーク』に入ります。

続いては、より商品内容に踏み込んで、「もしもの事故のとき、衝撃を和らげて車内の安全が守られる設計になっており、お年寄りやちいさなお子さんがおられるご家族にはとくに人気なんです。運転席も広くて疲れにくいのが特徴です。よろしかったらご試乗なさますか?」といった『④必要性トーク』。次に、わかりやすい資料を提示しながら、「他社の同じクラスの車と比較すると、燃費もこんなにいいんです」というような『⑤希少価値トーク』。そして、「モデルチェンジを記念して、今ですとお得なキャンペーンが……」と、『⑥安価トーク』へと導いていきます。

車の販売にまつわる私自身の体験を紹介しましょう。

数年前のこと、そろそろ車を買い替えたいと思い、あるディーラーを訪ねました。じつは、そこの営業マンの対応が良ければ購入しようと思っていたほどだったのです。ただ、その日は久しぶりの休日だったこともあり、自宅でくつろいでいたままのジャージ姿で出掛けたのです。

営業マンは私の姿を見て、冷やかしに来たのだろうと思ったようで、ひとことも話しかけてきませんでした。私はというと、予算もある程度決めていて、どんな車がいいのかを相談しようと思っていたのです。

私は見た目で判断されてしまったわけですが、昔と違い、最近はカジュアルな服装で街を出歩く人が増えています。中国人観光客の爆買いが話題になりましたが、まさに、中国人観光客の多くはTシャツにジーパン姿です。カジュアルな服装でいながら、プラチナカードを使って豪快な買い物を楽しんでいたりします。

また、仮に冷やかしで来店した人であっても、丁寧な対応をすれば、その場では売れなくても次につながる可能性はあるのです。

私がこれまでに見てきた例からいうと、売れない営業マンは10人のお客様が来たら、10人すべてに同じ話をするのです。当然、販売の確率は下がりますし、お客様からは嫌われてしまいます。サボっているわけではありません。むしろ必死に頑張っているのでしょう。しかし、的が外れているのです。頑張ったから売れるわけではありません。逆に、売れる営業マンは相手に合わせて会話を組み立てますから、10人に対してそれぞれ違う話をします。この場合、会話することに頑張っているのではなく、お客様の心理を見抜くことに神経を集中しながら頑張っているのです。努力が実るというのは、お客様の心に営業マンの言葉が届くか否かです。

お客様心理を理解して接客した結果、一度に2台の車（ご主人用と奥様用やお嬢様用など）を購入してもらえたというような例もあります。しかし、これは単なるラッキーではなく、お客様心理を何よりも大切にしながら、それに沿って誠実にトークを進めたことによる結果なのです。

頑張っているのに実績が出ずに悩んでいる営業マンが多いのです。この本がそんな人たちの心に届くことを願っています。

保険販売のトーク実例

保険のセールスマンの前では、ほぼ１００パーセントの人が身構えてしまうといいます。それほど保険の販売は難しいものです。お客様心理の第一段階、「抵抗・注意」をいかに払拭するかが大きな課題です。

大手の保険会社ではテレビコマーシャルも頻繁に流していますが、それでも警戒心が消えることはなさそうです。多くの人が、信頼できる知人や親族などから紹介されて契約するケースが多いようです。

そういう意味では、保険の営業マンはいかに自分のファンをつくり、そのファンからの新たな紹介を得られるかが鍵になるでしょう。保険商品の種類などは素人が聞いてもなかなか理解できず、その差がわかりにくく、どれも同じか五十歩百歩に思えてしまうのです。だからこそ、なおさら営業マンとお客様との信頼関係が重要になります。

では、このような保険に対する強固な「注意・抵抗」を消すにはどうすればいいのでしょう。その基本は、真正面から保険の話をしないことです。ご家族やお子さんの話、趣味の話、時事的な話などをしながら、身近なところでお客様との接点を探すのです。そのお客様とは何の話をすれば親しくお付き合いができるのかを知り、そこをコツコツと勉強しながら、お客様が喜ばれる情報を提供してお付き合いを深めて信頼関係を築きます。

保険のトップセールスマンのなかには、最初はあえて自分の職業を明かさずに付き合い始めるという人もいます。1ヵ月から2ヵ月、場合に

よっては1年以上も付き合って、信頼関係が築けたと判断して初めて職業を明かすというのです。

時間をかけて築いた信頼基盤のもとに、初めて保険の必要性を話すのです。冷静に考えれば、誰でも保険の必要性は感じているものです。保険に入っていない状態でガンになり、莫大な医療費を払う羽目にはなりたくないと、誰もが万が一に備えておきたいと思っています。ですから、営業マンは「何がいちばん心配ですか？」と、お客様から不安をさり気なく聞き出すくらいの方が、警戒されずに安心感を与えるでしょう。

ただし、最近はほとんどの人が何かしらの保険に加入していますから、新規の加入よりも、既に加入している保険からの切り替え、もしくは補償項目の見直しなどの営業が中心になるのかもしれません。

お客様から、この人のいうことなら信じられる。あるいは、この人に託したいと思ってもらえる関係を築くことが重要です。そうなれば、そのお客様は多くの人を紹介してくださる可能性があります。そういった信頼関係を築きながらできる営業こそが、本来の営業といえるのです。

衣料品販売のトーク実例

衣料品業界も、トークの流れはほかの業種と基本的には同じです。お店を訪れる人の目的はさまざまです。マンションのモデルルームや車のディーラーには、ある程度購入の意思がある人が訪れますが、衣料品店を訪れる人の場合は、ウインドウショッピングや、まったくの暇潰しで来る人もいるでしょう。「いい服があれば買ってもいいかな」と思っている人もいるでしょう。いや、「今日は買うぞ！」と思って来る人もいるでしょう。

店員は、それぞれの人に合わせてトークの内容を変える必要があります。お客様の店内での態度や、発言の内容で、その人がどんな動機で来店しているのかは、経験のある店員であれば大概わかるものです。

要するに「1話して9聞け」という原則です。その原則をある程度経験していけばお客様の心理がわかるのです。しかし、それがわからない店員はマニュアル通りに喋ってしまいます。たとえば「こんにちは。今日は何をお探しですか？」「お客様は明るい色がお似合いですね」などなど。マニュアル通りに喋ってもお客様の心には響きません。だから、購入にはつながらないのです。

「トークの６段階」に入る前に、まずは、お客様が話しかけられることを望んでいるかどうかを見抜く必要があります。買うつもりで来店していたとしても、しばらくは静かにゆっくり見ていたいという人もいるのです。それを見分けて話しかけるタイミングもとても大切です。

話しかけるきっかけの言葉は、「こんにちは。素敵なバックをお持ちですね」など、最初は販売に関係のない言葉がいいでしょう。いきなり「今日は何をお探しですか？」というと、「抵抗と注意」の心理が働いて心を閉ざしてしまうシャイな人が意外と多いのです。

ここから、『①現状トーク』に入っていい

きます。「今年はこのあたりの色が流行なんですよ。お客様のバックに合わせやすいのはこのお色……」などと現状を話すのです。

続いての『②衝撃トーク』は、たとえば「冬場のファッションの冷え対策は何か心掛けておられますか。近頃、女性の体温がどんどん低下して、それが原因で不妊症の方も増えているそうですね」と話題を導き、『③対策トーク』として「こちらのタイプは着膨れせずに暖かくて、体を冷やさないんですよ」「じつは私も愛用してるんです」と、親しみを込めて話します。

『④必要性トーク』として、「ご自宅でも外出時でも幅広くお使いになれます」。そしてクロージングの『⑤希少価値トーク』から『⑥安価トーク』は、「こちらのモデルは限定販売で、数に限りがあるんですよ」「今週いっぱいはこのお値段でサービスさせていただいております」などと進めていきます。

このようなスムーズなトークの組み立てができない人は、いきなり「今年の流行はこちらです」「お似合いだと思いますよ」「試着されますか？」と、興味もないお客様にどんどん勧めてしまうのです。トークの組み立ての基本を守って実践を重ねていけば、販売実績が落ちることはありません。

化粧品販売のトーク実例

女性は化粧品に対して、男性にはわからないほどのこだわりをもっています。そのこだわりを研究し、商品開発をしてしのぎを削っているのが化粧品メーカーです。美人女優を使ったコマーシャルでブランドや商品のイメージアップを図り、女性のこだわりの部分にうまく訴求して『抵抗・注意』を消し、その時点で既にある程度の信頼を得ているのだといいます。

デパートの1階、正面入口を入るといくつもの化粧品メーカーが売り場を構えています。興味深いことに、ほとんどの女性客

が自分のお気に入りのメーカーの売り場に直行します。「さて、今日はどのメーカーの商品にしようかしら」などと迷うことはありません。女性がお気に入りの化粧品ブランドを変えるのは、男性が好きなプロ野球チームを変えるのと同じぐらい「大きな変化」だという話を聞いたことがあります。

化粧品メーカーにとって、ブランドイメージがいかに大切であるかということがわかります。しかし、ブランドイメージで『抵抗・注意』を消せても、やはりそれだけでは不十分で、店頭などで実際に商品を試してもらうという販売スタイルが常です。そこでポイントになるのが、お客様の悩みやこだわりをいかに聞き出せるかです。女性は、自分の容姿に対して多かれ少なかれコンプレックスを持っています。また、肌や髪などに何らかの悩みを抱えています。そんな悩みをじっくり聞いて共有し、お客様の立場で対応できる営業マンがトップセールスマンになれるのです。

つまり、『①現状トーク』をするだけでなく、時にはお客様の現状（悩みやコンプレックス）を聞き出すわけです。そのあとは『②衝撃トーク』に入るのですが、ここでもお客様の悩みや不安に「それはお辛いですね…」と寄り添いつつ、たとえば「気象庁の方の話だと、地球のオゾン層が年々破壊されて紫外線の量は増え続けているそうですから、紫外線対策は大切ですよね。欧米では皮膚がんも増えているようです」という進め方になります（注：恐怖を煽るトークになってはいけません）。

そして『③対策トーク』は、お勧めの商品を実際に試して、お客様の悩みや不安を解消・改善できることを実感してもらいます。そこまで導くことができればもう成功です。

ただ、最後に「この先長くお続けになられることで、お客様の肌質に合っていることが必ずご実感いただけるはずです」というような『④必要性トーク』も忘れないようにしましょう。その流れで『⑤希少価値トーク』『⑥安価トーク』と進みます。

商品によっては、お客様の満足できるメイクアップができなければ購入につながらない場合もあります。そこは、販売トークとは別にメイクの技術が要求されることになります。ただし、販売の基本はやはりお客様心理に沿った6段階のトークなのです。

健康食品販売のトーク実例

残念なことに、健康食品業界というところは、誰でも入れて誰でも営業できると思われているようです。ですから、真面目な人ほど逆に長続きしないのです。理由のひとつとして、私がやってきたような講演会販売という営業形態は、一般的にはあまり認知されていないので、どこかいかがわしく胡散臭い販売だと勘違いされやすいのです。

確かにこの業界には、悪徳商法などが出ては消え、消えては出ていますから、真面目に取り組んでいる人は不安になってしまうのでしょう。

だからこそ、私たちはアフターケアを徹底しています。私たちの商品を購入してくださるお客様を、実際に見てもらえるとわかるのですが、講演会では誰もが活発に会話を交わし、満面の笑顔であふれています。何故そうなるかというと、決して売りっぱなしではなく、満足の行くアフターケアに納得して、長く続けてくださる方たちばかりだからです。また、それぞれの地域に相応しい方法でケアしているのです。

健康食品の販売トークについては本書全体で紹介していますので、お客様心理に沿った販売トークの実例は省略します。

団塊の世代が高齢者の仲間入りをして、世の中が健康志向になり、健康食品の業界全体が伸びていくだろうと予測していたのですが、そう簡単ではありません。いろいろな視点から努力をしても、簡単には伸びません。市場に商品がありすぎるというのも一因かもしれませんが、多くの消費者は自分のためにお金を使わないのです。財布のひもが固くなっているし、自分よりも子や孫のためにお金を使う人が増えているのです。

国民の健康に対する意識は高まっているのですが、やはり、お客様ときちんと向き合い、その不安や悩みに応えていけるような、しっかりとした営業をしている企業や営業マンが少ないのではないでしょうか。売りっぱなしで、業界全体に責任を持たない人が多いのです。

健康食品においては、契約成立後のアフターフォローが重要なウェイトを占めます。健康食品は口に入るものですから、マンションや車や衣料品とは違い、消費され、リピートが期待できます。だからこそ、お客様と絶えず接する機会をつくるべきです。さまざまなイベントや定期的な講演会や体験報告会などを通して、お客様一人ひとりの課題や体調などを聞き、単に商品を売るのではなく、生活習慣そのものの改善などを提案して、健康をサポートするのです。その結果として健康食品を使っていただくということになりますが、そうすることで長いお付き合いができ、リピートをしていただき、また、知り合いにご紹介いただけるのです。

お客様のなかには営業マンになる人も出てきます。単なる販売員ではなく、健康生活のカウンセラーになっていくべきです。そうすることで健康食品がお客様の健康をサポートし、ひいては高齢になってもなお、夢の実現をサポートすることができるのです。そこではじめて、健康食品の営業マンがお客様や社会の役に立っているといえるのだと思います。そのためにも、お客様にストレスを感じさせない販売トークの組み立てと、お客様心理の理解が大切なのです。

お客様に欲しくなっていただくトークのコツ

ここに、１個のレモンがあるとしましょう。

さて、このレモンを目の前にいるお客様に、どうやったら売れるでしょうか？

これまでに紹介した原則である、現状⇩衝撃⇩対策⇩必要性⇩希少価値⇩安価という、この本のエキスをレモンという商品に展開することによって、売れるトークはできるはずです。

まず、『①現状』について話してみましょう。このレモンはどこで採れたものので、最初にできたのはどこの国で、いつ頃から作られていて、日本にはいつの時代に入って来たのか。

次に『②衝撃』についてです。じつはレモンに含まれる主成分はビタミンCですが、ビタミンCが欠乏すると体にはいろいろな悪い影響があります。具体的には、信頼性の高い研究データなどを交えながら、ビタミン不足によって起こる影響を解説します。あるいは、こういう人がいましたといった実例を話すのもいいでしょう。「私たち日本人はとかくビタミンが不足しがちです」と、具体例を用いて話します。

次に『③対策』ですが、「レモンには○○の何倍ものビタミンが含まれていて、2〜3滴を紅茶に搾るだけで十分です」などと対策を解説します。

続いて、食が乱れがちな時代ですから、しっかりと栄養のバランス取るためにもレモンを摂るべきである『④必要性』を訴えます。

そして最後に『⑤希少価値』と『⑥安価』。レモンにもいろいろありますが、このレモンは安価で効率的に栄養を吸収することができます。今なら定価から3割引きでお買い求めいただけます。……というように販売トークが構成できるのです。

トークのコツがわからない人は、「とてもいいレモンですよ。おひとついかがですか」「おいしいですよ」といったことばかりを連呼します。でも、レモンは酸っぱくて、レモンだけで食べるとお世辞にもおいしいとはいえないのです。これではお客様にレモンの魅力がまったく伝わりません。レモンが体にいいことは誰もが知っていますが、変なトークをすれば、たとえいい物でも売れなくなってしまうのです。

ご自分の担当している商品をいかに販売するか。いろいろシュミレーションしながらトークの構成を組み立てて実践してみてください。

おわりに

読書が嫌いな私がこのような本を出版するなんて、考えてもいませんでした。ただ、営業を頑張っている皆様のお力に少しでもなれればとペンが進みました。

実際、本書で皆様に伝えたい内容のポイントは第4章までです。後半は実践トークポイントとしてページを増やしていると感じています。ですから余計に、無名な著者の本を最後まで読んでいただき、本当に感謝の気持ちでいっぱいです。

仕事の現場では偉そうにしていることもあるかもしれませんが、私も家庭に戻れば妻に頭が上がらず、朝のゴミ出し作業から風呂の掃除まで行うごく平凡な人間なのです。

本書を出版するこのタイミングで、ありがたいことに講演のご依頼なども増えてまいりました。私のこれまでの経験が、悩める営業マン、営業レディーの方々のお役に立ち、幸せを手にしていただく手助けになれることを願っています。また、本書を読んでいただいたことがご縁で、私の主宰するセミナーへ足をお運びいただくきっかけにしていただければ光栄です。宝くじは買わずに当たることはありません。この本の内容も読んだだけで販売実績が上がることはありません。まずは実践の一歩を踏み出してみてください。

最後になりましたが、皆さんに絶対に忘れて欲しくないことがあります。営業を成功させる鍵は「テクニック」ではなく、お客様の心を大切に思いやる、営業マンや営業レディーの「心」、今風にいうと「心からの、お・も・て・な・し」なのだということです。

本書を出版するにあたり、多くの方々からお知恵を頂戴し、ご協力を賜りました。また、両親や妻をはじめ、私のこれまでの人生に多大なる影響を与えてくださったすべての方々に対して、心より感謝の気持ちをお伝えいたします。

最後までお読みいただき、ありがとうございました。

合掌

平成二八年七月三一日

著者プロフィール

大西英一郎　Eiichiro Onishi

1967 年、岐阜県下呂市に生まれる。
大学卒業後、タレントプロモーション・タレント育成・イベント制作などを経験し、舞台演出などを学ぶ。歌い手のマネージャーとして全国キャンペーンも経験。
2008 年、ＮＰＯ法人生活習慣病予防学術委員会認定：生活習慣病予防指導士取得。
サプリメントの企画販売を開催。舞台演出の経験を生かし、サプリメント・ライブショー販売を企画。
2010 年、業績を上げ海外進出。海外では医師とのコラボレーションに成功し、サプリメントライブショー販売に成功。
※ Google で「大西英一郎」と検索いただくと海外での活動について紹介された記事がご覧いただけます。
日本・海外でのお客様（消費者）心理の共通点を発見。
2014 年、名古屋市に株式会社アステリアを設立：代表取締役に就任。
2016 年、お客様心理を研究し販売者（営業マン）のための参考書（本書）を出版。
現在、販売者のための講演会なども全国で展開中。

■講演などに関するお問い合わせ先
株式会社アステリア　TEL：052-957-3585

必ず売れる！
販売トークの極意

2016年7月31日発行
著　者　大西英一郎
発　行　アートヴィレッジ
〒657-0846 神戸市灘区岩屋北町3-3-18・4F
編集室：TEL 078-806-7230　FAX 078-806-7231
受注センター：TEL.078-882-9305　FAX.078-801-0006
http://art-v.jp